ライブ！スウェーデンの中学校

日本人教師ならではの現場リポート

宇野幹雄
uno mikio

新評論

はじめに

この本は、ひょっとしたら何の役にも立たない本かもしれません。しかし、もしあなたが日本の義務教育に何らかの疑問を感じていたり、子どもたちの毎日の生活が一人ひとりの個性を生かすことなく受験勉強のための勉強だけで終わってしまっているのではないかという疑問をもたれたら、本書で取り上げたスウェーデンの中学校における教育システムや社会教育、そして生徒民主主義(1)などについての記述は、これからの日本の教育界を考えていくうえでなにがしかの参考になるかもしれません。

私がこの本を著そうと思ったのは、スウェーデンにおける私の生活が三〇年を超え、そしてスウェーデンの公立中学校での数学および理科の教員として働き出してちょうど二〇年となり、これまでの学校生活における生徒たちとの交流や、授業を通して見たスウェーデンの中学校および

(1) 国連で採択された「児童の権利に関する条約」第一二条にある「自己の意見を形成する能力のある児童がその児童に影響を及ぼすすべての事項について自由に自己の意見を表明する権利を確保する」を、言葉だけではなく具体的に学校教育に取り入れ、授業計画や成績評価方法(筆記試験、論文、口答試問)などを教員と生徒たちとの合意のもとに決定している。生徒民主主義は、単に授業や試験といった学習活動のみにかぎらず、生徒たちの労働の場としての学校環境の改善にも生徒たちの意見を取り入れている。

中学生たちの姿をどうしても書きとめておきたくなったからです。

学校社会というところは特殊な社会です。そして、学校内で毎日何が起こっているのかを知ることは決して容易なことではありません。日本とは異なった価値観をもつスウェーデンの学校社会において、思春期に入った生徒たちが何をどのように考えているのか、教科書に載っていない実社会の仕組みや動きをいかに習得させるか、また青少年たちの悩みや問題に対して学校や社会がどのような援助の手を差し伸べて解決しようとしているのかなどを、思いつくままに記述してみました。

また、最後の第六章では、私が四年間（小学六年から中学三年）にわたって持ち上がりで担任を務めた、普通のクラスとは少し異なる第一期のテーマクラスの生活を詳しく紹介しました。ちなみに「テーマクラス」とは、普通教育を行う一般クラスとは異なり、クラス自体に何らかの特色をもたせたものです。一九八〇年代の後半から増加し、各学校では体育関係や音楽関係のテーマクラスが多くつくられています。たとえば、テニスクラスではテニスを週に数時間、学校の授業科目としてトレーニングすることになります。

これまで、日本ではまず紹介されていない「テーマクラス」の日常を、ぜひご覧になっていただければと思います。

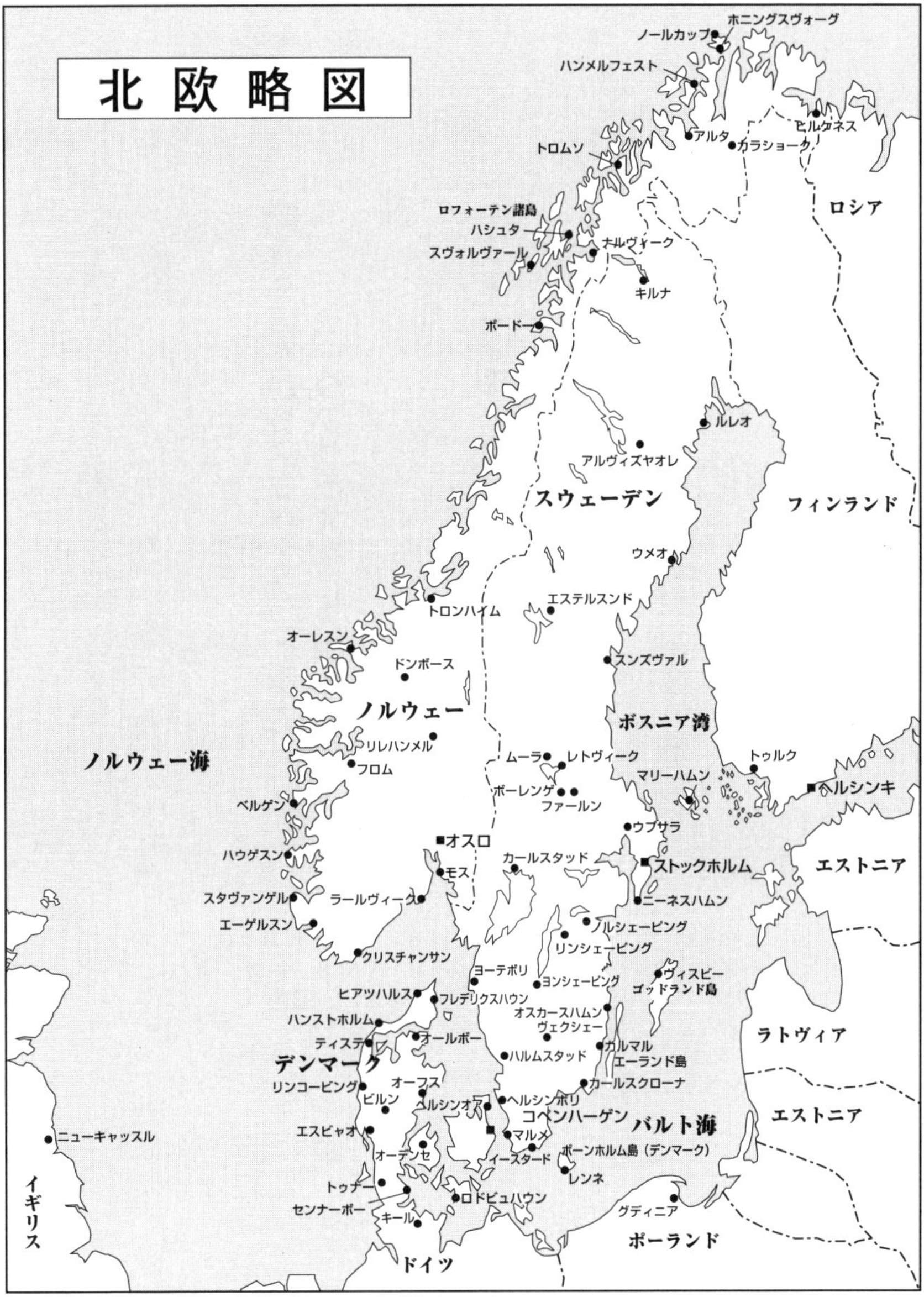
北欧略図
ホニングスヴォーグ
ノールカップ
ハンメルフェスト
キルケネス
アルタ
カラショーク
トロムソ
ロシア
ロフォーテン諸島
ハシュタ
スヴォルヴァール
ナルヴィーク
キルナ
ボードー
ルレオ
アルヴィズヤオレ
スウェーデン
フィンランド
ウメオ
エステルスンド
トロンハイム
オーレスン
ドンボース
スンズヴァル
ノルウェー
ボスニア湾
リレハンメル
ノルウェー海
ムーラ
レトヴィーク
トゥルク
フロム
マリーハムン
ボーレンゲ
ファールン
ヘルシンキ
ベルゲン
ウプサラ
オスロ
ハウゲスン
カールスタッド
ストックホルム
エストニア
モス
スタヴァンゲル
ラールヴィーク
ニーネスハムン
エーゲルスン
ノルシェーピング
リンシェーピング
クリスチャンサン
ヨーテボリ
ヨンシェーピング
ヴィスビー
ゴッドランド島
ヒアツハルス
フレデリクスハウン
オスカースハムン
ハンストホルム
ヴェクシェー
ラトヴィア
ティステ
オールボー
カルマル
デンマーク
ハルムスタッド
エーランド島
オーフス
カールスクローナ
リンコービング
ビルン
ヘルシンオア
ヘルシンボリ
エストニア
コペンハーゲン
バルト海
エスビャオ
ニューキャッスル
マルメ
オーデンセ
イースタード
ボーンホルム島（デンマーク）
レンネ
トゥナー
センナーボー
ロドビュハウン
グディニア
イギリス
キール
ポーランド
ドイツ

『ライブ！　スウェーデンの中学校』　もくじ

第3章

ライブ！　スウェーデンの中学校

日本人教師ならではの現場リポート

序章

日本からスウェーデンに来てウプサラ大学に入学するまで

一九七〇年一一月上旬、私は大学卒業後、東京で就職をした友人たち二人に見送られて羽田国際空港（当時はまだ成田空港はできていなかった）を飛び立ち、アラスカのアンカレッジ、デンマークのコペンハーゲンを経由して再びスウェーデンへとやって来た。

「再び」と書いたのは、私がまだ同志社大学工学部の四回生の学生であった一九六九年の夏に、日本国際学生技術研修協会（ＩＡＥＳＴＥ：The International Association for The Exchange of Students for Technical Experience）の交換留学生として、ストックホルムの北、約二三〇キロメートルにある人口一〇〇〇人強の小さな村であるノルスンデット（Norrsundet）に滞在したことがあったからである。ノルスンデットにはパルプ工場があり、私はこの工場で一ヵ月半の技術研修を受けた。交換留学生で来たときには、研修がうまくいかなくても夏休みに海外旅行をしたと思えばよいし、最悪でも一ヵ月半後には日本に帰れる、という気楽な気分であった。

しかし、このときは、学生時代とは異なってすでに大学も卒業したことでもあり、しかも親の反対を押し切ってやって来ただけに、中途半端なかたちで日本に帰ることはできなかった。また、留学をしたからには、スウェーデンで大学を卒業するまでは絶対に日本に帰らないことを私は心に誓った。日本で基礎を勉強した英語やドイツ語でならまだしも、まったく知らないスウェーデン語で授業を受け、本を読み、ノートを取る――果たして、それで筆記試験や口答試験、卒業論文が通るかどうかという一抹の不安はあったが、これは同時に自分自身への挑戦でもあった。

普通の場合、「留学をする」といえば何か大きな目的があるからこそするのだろうが、私には、何かを「究める」といったような大それた考えはなかった。しいていえば、日本のマスメディアで取り上げられ始めてきた環境問題に対して、環境政策の先進国といわれていたスウェーデンがいかに取り組んでいるのかを詳しく知りたい、と漠然と考えていた程度であった。

白夜が印象に残った夏のスウェーデンの風景に比べ、初めて迎えたこの国の冬はショックであった。私は、寒さは別に気にはならなかった。大阪の冬の寒さに比べてはるかに寒いのはもちろんだが、外気温がマイナス二〇度に下がっても重ね着をすればすむことだし、集中暖房のおかげで室内温度は摂氏二〇度と、スポーツシャツ一枚で十分過ごすことができたからである。

私が参ったのは「暗さ」であった。午前九時を過ぎないと明るくならないし、明るくなったかと思っても午後の二時過ぎには薄暗くなるという冬の暗さは、今までに経験がなかっただけに、最初のころは本当に気が滅入る毎日であった。しかし、幸いであったのは、一九六九年に交換留学生で来たときにホームステイをしていたノルスンデットのスウェーデン人家庭に再び下宿をしており、暗さにまいっている私を、このスウェーデンの「両親」が元気づけてくれた。

私は、ウプサラ大学が始まる八月下旬まで、ノルスンデットのパルプ工場でアルバイトをしながらスウェーデン語を勉強しようと考えていた。しかし、技術研修で来たときとは異なり、仕事はパルプを輸出用に包装する肉体労働で、週日は一日三交替（午前六時～午後二時、午後二時～午後一〇時、午後一〇時～午前六時）、週末は一日二交替（午前六時～午後六時、午後六時～午前六時）のシフトで働くことになった。「暗さ」は好きにはなれなかったが、工場への往復に見る星空は見飽きることがなかったし、星がこれほどまでにあるのかという驚きさえ覚えた。

田舎での休日の楽しみは、ダンスをすることとウオッカやジンを清涼飲料水やコーラで割った「グロッグ（grogg）」を飲むことだ、とパルプ工場の連中に教えられた。ノルスンデットには「フィーレン（Fyren：灯台）」と名付けられた公民館があり、土曜日の晩には二週間に一度ダンスバンドが入って、生演奏でダンスパーティが開かれていた。

私は、日本での大学時代に、友人たちに無理やりパーティ券を買わされてダンスパーティに行ったことが何回かあったが、友人たちのなかにまともにダンスのできる連中などはいなかったので気は楽であった。しかし、フィーレンで

クラスの友人の家族や親戚とともに（ちょっと古い写真です）

はまったく雰囲気が違っていた。みんな踊るのが非常にうまい。しかも、ダンスは若者だけのものではなく、七〇歳、八〇歳といった高齢者でもスイスイと社交ダンスを踊るのである。工場の同じシフトで一緒に働いている「おっちゃん連中」も踊るのがうまくて、かなりの差をつけられたと結構落ち込んでしまった。

ダンスパーティは午後九時から夜中の一時まであり、途中、五〇分くらいごとに生演奏にも休憩があった。そして、「大人」たちは、その時間を利用して談笑をしたり、トイレに行ったりするわけである。しかし、若者たちのほとんどは、手の甲にフィーレンの判を押してもらって公民館を出ていく。もちろん、まだ帰宅するには時間が早すぎるし、外套やアノラックもクロークに預けたままである。この寒い冬の晩に「薄着で」外に出て、いったい何をするのか?

彼らは、公民館の外に駐車してある自分たちの車へと急ぎ、車のなかでウオッカやビールで男女ともに「酒盛り」をするのである。実は、公民館のなかは禁酒となっており、当然、アルコールの持ち込みも禁止となっているための一時退去である。そして、また生演奏が始まれば、彼らは手の甲の判を入場係に見せて公民館内へと戻るのである（このとき、泥酔者は再入場を拒否される場合もある）。トイレに行けば、知り合いの連中が背広の内ポケットにしのばせたウイスキーやウオッカのポケット瓶を取り出し、「ミキオ、お前も飲め」ということになる。当然、男子トイレでの立っての一気飲みであり、パーティや酒盛りという雰囲気からはほど遠く、これはもう、ただ酔うためにだけ飲んでいることになる。

ウイスキーやウオッカのようなアルコール度の高い酒類はスウェーデンでは値段が高く、一気飲みや回し飲みをすれば当然とても高くつく。しかし……である。ノルスンデットのパルプ工場に隣接する港にはパルプを積み出すための外国貨物船がよく出入りし、貨物船の船員から酒類がいとも簡単に、しかもタダに近いような値段で買うことができるのである。私が働いていたシフトの連中も貨物船の出入りには敏感で、パルプ工場の夜のシフトでの休憩時間には「酒類のまとめ買い係」（つまり、この日の人気者）が注文を取りにやって来る。そして、「人気者」は工場を後にし、酒類をケース単位で安く買ってくるのである。

タダに近いような値段であっても、金を払うことが馬鹿らしいという連中もいる。彼らは、家庭で簡単にできる化学実験を地下室や物置で行い、何百リットルというアルコールをいとも簡単に製品化する。田舎においては、全員が化学者ではないかということもよく耳にした。

密造酒といえば面白い話がある。これは、のちに私がウプサラ教育大学に通っているときに教育学の授業の一環としてウプサラ警察署に見学に行き、警察署内にある犯罪博物館で警察官から直接聞いた話である。

この日、一人の警察官が幼稚園児たちの案内係として、会議室でまず警察官や警察署の仕事、事件や泥棒の話をし、その後に犯罪博物館を案内した。すると、一人の幼稚園児が、警察官に大声で「これは、お父さんが家で使っているのと同じだ」と言ってあるものを指差した。それは、密造酒を造るための道具だったのである。この父親に警察の手が届いたのかどうかは知らないが、あまり正直な子どもをもつと、親としてもつらい立場に立たされることにもなりかねない。

スポーツ好きの私にとっては、この年のノルスンデットでの冬の生活は非常に楽しいものとなった。私が住んでいたノルスンデットは、人口約九万人のイエヴレ（Gävle）という街からわずか四〇キロメートルしか離れていない。そしてこのイエヴレには、スウェーデン・アイスホッケーリーグで一九七〇年代に五回もの優勝を飾った「ブリーネス（Brynäs）」というチームがあった。私には二人の「スウェーデン人の兄」と呼べる人がいたが、長兄はこのブリーネスの大ファンで、地元での試合は一試合も見逃すことはなかったし、シフトの関係上、私が仕事をしなければならないとき以外は、必ず一緒に試合を観に連れていってくれた。

ウプサラ教育大学での教育学の同窓生たち（後列、左から２番目が筆者）

私は、スウェーデンに来るまでアイスホッケーの試合を観たことがなかったのでルールも何も知らなかったが、リンクの冷え切った空気が気を引きしめ、スケートのエッジ音やスティックでパックを打つ音が力強く響き、しかもディフェンスからアタックへのゲーム展開の速さというものが、すぐに私をアイスホッケーファンにした。

長兄は私にとって最良のアイスホッケーの解説者で、試合中にもルールや選手のことなどを詳しく教えてくれた。勝ち試合では機嫌がよかった彼も負け試合の後では非常に機嫌が悪くなり、帰りの車のなかでは、審判員や相手チーム選手への文句を身振り手振りを交えて興奮して話した。当然、車の運転も荒くなり、ノルスンデットまでの四〇キロメートルのアイスバーンの雪道を帰るのが怖いときもたびたびあった。そして、私が初めて観たこのシーズン（一九七〇年～一九七一年）、ブリーネスはスウェーデン・チャンピオンとなり、ここに「ブリーネス黄金時代」の幕開けとなった。

最初の年のクリスマスでは、見るもの、聞くもの、口にするもの、すべてが珍しかった。ナデシコ、肉桂、ショウガで味をつけたビスケット「ペッパル・カーカ」（Pepparkaka。peppar は胡椒、kaka はビスケット。これを食べると性格が良くなるという言い伝えがある）、熱くした薬味入りのぶどう酒に細かく刻んだアーモンドと干しぶどうを入れて飲む「ユール・グレッグ」（Jul-glögg。jul はクリスマス、glögg は薬味入りぶどう酒）、大きな生ハムの塊をオーブンで焼いた

「ユール・ヒンカ」（Julskinka。skinka はハム）、乾燥させたクロジマナガダラ（学名は Molva molva。タラの一種）を消石灰とソーダの混合水につけて柔らかくした「ルート・フィスク」（Lut-fisk。lut は灰汁、fisk は魚）、牛乳で米を炊いておかゆにした「リースグリーンス・グレート」（Risgrynsgröt。risgryn は米粒、gröt はおかゆ）などがその代表である。

私は、スウェーデン人家庭に下宿をさせてもらったおかげで、単なる旅行者ではとても経験することができない「家庭のクリスマス」を味わうことができたし、スウェーデンの「両親」の親戚や近所の人たちとも知り合うことができたわけだが、当然のことながら、この段階では私のスウェーデン語はまだまだモノにはなっていなかった。

年が明け、日に日に明るさを増してきた三月のある日、私は工場のシフトの連休を利用して、すでに大学生となっていたノルスンデット出身の友人たちを訪ねるためにウプサラに行った。私は彼らの住む学生寮に泊めてもらったが、ここでビックリ仰天した。なんと、彼らの学生寮は男女混合であり、コリドール（廊下）を挟む六部屋に男子学生も女子学生も住んでいたのである。もちろん、彼らは自分の部屋をもっていたが、キッチン、トイレ、シャワーは共同であった。

翌日、私はウプサラ大学の学生課に行き、秋から環境学（大気・水質・土壌汚染など）関係の科目を勉強するにはどうすればよいのかということを相談した。学生課では、「環境学」という講座はあるが「環境学科」はないということを教えられた。そして、環境学は植物生態学、動物生態学、気象学、水文学、湖沼学、土壌学、文化地理学、地理学、環境法学、核物理学などの多くの分野から成り立っており、環境学関係で将来仕事をするのなら、何か学科のエキスパートにならなければならないことも教えられた。

ただ漠然と「環境学」を勉強したいとしか思っていなかった私は、小さいころから好きだった魚釣りの関係で水の分野を選択しようと考え、学生課のすすめで湖沼学科（湖沼学は淡水生態学で、淡水の化学および生物学ということができる）に行き、その相談係を訪ねた。

当時、スウェーデン自然保護局（Naturvardsverket）の淡水研究所は湖沼学科の建物の一部を間借りしていたこともあって淡水研究所の所長にも紹介され、大学での進路についてアドバイスを受けることができた。所長は水文学（地球上における水の循環を研究する学問。

ウプサラ大学本部

大気中の水や水蒸気は気象学で取り扱い、地球表面および地中の水を研究する）の教授に電話をし、私をその教授のところに連れていってくれた。教授は、気象学－水文学－湖沼学－生態学を学べばよいのでは、と私にアドバイスを与えてくれた。私は教授のすすめに従い、八月下旬からの第一学期目には気象学を学ぶことにした。

何とか大学で勉強する科目および進路の設計図はできたが、スウェーデン語がもっとできないことにはとても授業についていけないことは明らかであった。そのために私は、大学が始まる八月下旬まで、ウプサラにある外国人学生のためのスウェーデン語講座に通うことにした。そして私は、ノルスンデット出身の友人たちに学生寮の空き部屋を探してくれるように依頼してノルスンデットへと戻った。友人たちは、すぐに彼らが住む学生寮の空き部屋を確保してくれた。

四月下旬、私は世話になったノルスンデットの「両親」に別れを告げ、ウプサラに引っ越すことになった。ウプサラへの引っ越しはスウェーデンの長兄夫婦が手伝ってくれ、車でわざわざウプサラまで送ってきてくれた。私のスウェーデンの母であるアンナは、学生寮で必要だろうからと食事皿とコーヒーカップをプレゼントしてくれた。コーヒーカップは残念ながら割れてしまったが、食事皿は三〇年以上を経た今も健在で、たまに使用しては当時のことを懐かしく思い出している。

スウェーデンという国は本当に至れり尽くせりの国で、ウプサラでのスウェーデン語講座も〝もちろん〟無料であった。この講座には、まったくの初心者を対象とした第一講座から最上級の第五講座までがあり、外国人の大学入学資格としては、スウェーデン語に関しては第三講座を終了していることが条件となっていた。スウェーデン語講座は午前中だけであったので気は楽であったが、当時はスウェーデン語と日本語の辞書がなかったので（あったのかも知れないが、私は知らなかった）、いざ本を読むとなると、まずスウェーデン語から英語への辞書を引いて英単語を見つけ、今度はその英単語を英和辞典で調べるという非常に手間のかかる勉強の仕方を余儀なくされた。しかも、外国語の勉強法としては、日本の英語教育でたたき込まれた勉強の仕方（語学は目から、つまり単語のつづりを覚え、文法に正しく文章を書く）しか頭にないものだから、会話や聞き取りとなると、そのテンポについていくだけの耳と口の訓練が講座に来ている他国の学生に比べてできていなかったために、自分の能力のなさを認めざるを得なかった。

しかし、各講座終了時にあった試験はいつもなんとか合格し、八月には最上級の第五講座に進級することができた。そして、私は予定通り八月下旬に気象学科で勉強を始めたわけであるが、実際問題として大学で勉強をするには最上級の第五講座の知識でもまだまだ不十分であり、とくに一年目は授業のときにノートを取ることができず、また本が読めない（スウェーデン語から英語、英語から日本語へと辞書ばかり引いていた）ために大変な苦労を強いられることになった。

第1章

まあ、一度試してみよう

(1) 果たして、私に教員が勤まるだろうか？

私は、ウプサラ大学やストックホルム大学で環境学関係の科目を勉強して[2]ウプサラ大学を卒業した。そして、大学卒業後、湖沼学で大学院に進もうと考えていた。しかし、当時の湖沼学科は大学院生がすでに七〇人を超えるという大所帯であったため、新しい大学院生は当分の間はとらないということであった。そのため私は、ウプサラにある湖沼や河川の水質調査会社に勤めることになった。この会社に調査を依頼するのはスウェーデン各地のレーンス・スティーレルセ[3]（県）やコミューン（市）の河川局や水道局であったため、おかげでスウェーデン各地に広がる自然景観を見て回るという幸運に恵まれた。

ウプサラ大学教育学部

しかし、その水質調査会社の将来を考えると一抹の不安もあり、ウプサラ教育大学（現在のウプサラ大学教育学部）の学生であったスウェーデン人の友人にこれからのことを相談した。「教員資格をもっていると、将来何かと役に立つから」と、彼は私に教育大学に行くことをすすめた。スウェーデン語でスウェーデンの子どもたちに数学や化学、生物を教える——果たして、そんなことが私にできるのだろうか、というのがそのときの印象であった。

それぞれの国が保持する社会観は、その国の学校教育で培われたものであろう。だとしたら、その国の将来を担う子どもたちに接することでその国の将来をある程度は読めるのではないかと私は考え、当時、大学で専門科目を終了した学生のために設けられた、教育学、教科教育法、教育実習および卒業論文からなる一年間の教員養成コースに入学した。私のクラスは、数学、物理

（1）ライオンはウプサラ・コミューンのシンボルマーク。
（2）スウェーデンの大学では、ほかの大学の講座であっても受講して単位を修得することができる。そして、他大学での修得単位も卒業必要単位に加算される。スウェーデンでは大学間にランク付けはなく、○○大学を卒業したということがメリットになることはない。就職時に重要視されるのは、大学で何を勉強したか、自身に何ができるのか、どのような実務経験があるかということである。
（3）（länsstyrelse）ランスティング（landsting）が県内の医療政策や病院管理を取り扱うのに対し、レーンス・スティーレルセは県庁の公的職務を取り扱う。

および化学、生物学専攻の学生からなる理科系のクラスで、合計一六人。私以外は、どこかの中学校あるいは高校で代用教員の経験があるスウェーデン人ばかりであった。

教育学の講義では学校教育の問題点をよくディスカッションした（正直に言えば、させられた）が、クラスの友人たちは代用教員として経験した授業風景や問題点を語ることができたが、それまで学校の教壇というものに立ったことのない私にとっては日本の中学校や高校での授業風景しかイメージできず、友人たちが話すことのすべてが耳新しく聞こえ、この国で本当に教員としてやっていけるのだろうかと不安に思ったことが何度もあった。

とはいえ、一年後には教育大学を無事に卒業することができ、中学および高校教員の資格をとることができた。そして、教員として就職するとき、迷うことなく中学校の教員を選んだ。教育大学の実習ではもちろん中学校も高校も経験したが、私にはどうも中学生ののびのびとした態度が性にあっていると思った。

スウェーデンの中学生たちは授業に対する反応が速く、わからないところはすぐに「わからない」と言うし、授業が面白くなければすぐに「面白くない」と言うので、興味をもたせるためにはどうしたらよいかということを素直に追求していくことができると考えた。また、生徒たちの理科離れを防ぐことも私の目標となった。そして何よりも、中学生たちは自分の周りの出来事や経験したことを授業中によく話をしてくれるので、彼らの経験や疑問が授業を進めていくうえで良い材料にもなった。

一方、高校生はというと、生徒同士の横のつながりはあるが、生徒と教員という縦のつながりがあまりない。教育大学の実習中にある高校で化学を教えていたとき、その高校で代用教員を依頼されたことがあった。代用教員を依頼されたクラスは、すでに社会科学・人文科学系の高校を卒業した生徒たちから成るクラスであった。ここは、理科系の大学や学部への進学に要求される自然科学系高校の三年間で学ぶ数学、生物学、化学、物理学を、わずか一年間で習得するという非常に学習密度の高いクラスであった。

たとえば、将来、医者か獣医になりたい中学生がいたとする。大学の医学部や獣医学部への入学は競争率が高く、そのため高校の自然科学系で数学、生物学、化学および物理学で良い成績をとっていることが絶対条件となる。しかし、高校の自然科学系では上記の科目だけを勉強するわけではないため、三年間の高校生活が非常にストレスの高いものとなり、それが理由で良い成績がとれるかどうかがわからなくなる。そのため生徒によっては、高校進学にあたって戦略的な進路選択を行い、比較的楽とされる社会科学・人文科学系にとりあえず進学し、そこで優秀な成績をとってまず高校を卒業する。そして、高校卒業後に、理科系大学学部への進学者のための数学、生物学、化学および物理学だけを一年間で勉強する補習コースに入学をするというわけだ。この補習コースの生徒たちは将来に対してはっきりとした目標をもっているため、スウェーデン人にしては珍しく「ガリ勉」が多い。

私が代用教員を行ったこの「ガリ勉」クラスでは、次の日に化学の試験が予定されており、生徒たちはその前の週に、モル計算やイオン解離度に関する化学数式の練習問題が五〇問載っているプリントをすでにもらっていた。そして、この日の授業では、生徒たちが解けなかった問題を私が説明をすることになっていた。授業を始めようとすると、生徒たちからすぐに注文がきた。

「説明は不要、すべての問題の化学数式の解答を黒板に書いて欲しい」という無味乾燥な依頼であった。それから三時間、休憩なしで、腕が痛くなるまで、いや腕が痛くなっても黒板に私は化学方程式を書き続けた。この授業の後、私の就職先の選択が完全に中学校に絞られたことは言うまでもない。

ヴァクサラ小・中学校（Vaksalaskolan）

一九八〇年に教育大学を卒業後、私はソッレンチューナ（Sollentuna）・コミューンローテブルー中学校（Rotebroskolan）に一〇年間にわたって勤務した。春や秋はまだしも、冬になると毎年の恒例行事のように、国鉄（SJ：Statens Järnvägar）の列車やストックホルム交通局（SL：Storstockholms Lokaltrafik）の通勤電車[4]がありとあらゆる理由で延着となる。ポイントが凍りついた、ケーブル線がおかしい、パンタグラフが不調、信号機がつかない等々が理由である。また、電車の発車時間になっても機関士が出勤していないということもあった。

ウプサラからローテブルー中学校に通うには、まずウプサラとストックホルムの中間駅であるメシタ（Märsta）まで国鉄で行き、ここでSLの通勤電車に乗り換えとなる。しかし、乗り換え時間が三～四分しかないため、国鉄の列車が少しでも遅れると、もう通勤電車は出た後で、次の電車に乗るしかなくなる。三〇分に一本しかない通勤電車であるから、学校には当然遅刻ということになる。ひどいときには、国鉄の列車も通勤電車も大幅に遅れるということもある。当時はまだ携帯電話がない時代だったので、乗り換え駅の公衆電話から「列車が延着のために遅刻をする」と学校に電話をしたことは数知れずである。学校からの帰りはその逆で、通勤電車が延着するとメシタ駅で国鉄の列車に乗り遅れ、無意味な時間を待合室で過ごさなければならなかった。

（4）このほかに、バスや地下鉄も運行している。

ローテブルー中学校教員の１年目。大先輩の同僚たちと

ローテブルー中学校は、列車の遅れさえなければ一時間で通える場所にあったが、通勤のためにほとんど毎日往復二時間以上もかけるのが馬鹿らしく思えてきた。ソッレンチューナには一〇年も通ったことだし、ウプサラ・コミューン内の中学校に転勤しようと思って、市内のローカル新聞である〈ウプサラ・ニーア・ティードニング（Uppsala Nya Tidning、通称UNT）〉の就職案内欄を調べ始めた。そして、一九九〇年の秋学期が始まる直前に、一年間という期限採用ではあったが、現在勤めているヴァクサラ中学校で数学および理科系科目の教員を必要としていることがわかった。これは、一年間、父親休暇(5)をとる教員の代理教員としてで、一年間が終われば学校としてもコミューンとしても雇用責任がまったくない、将来に不安を抱かせる雇用形態のものであった。しかし、ウプサラ・コミューンで教員の仕事をしようと思えば、代理教員としてでもコミューンのなかに入り込んでコミューン点数(6)を獲得する必要があった。

大学や教育大学のあるウプサラ・コミューンでは、大学卒業者は掃いて捨てるほどいるため、どのような仕事に就くにも自然と競争率が高くなる。これは教員の仕事に関しても同じで、私は大学や教育大学での成績や証明書類、それにソッレンチューナでの教員職務経歴書をコピーし、履歴書と一緒にヴァクサラ中学校に郵送した。それから数日が経過して新学期が始まったが、ヴァクサラ中学校からは何の連絡もなかった。私のコミューン点数ではやはり不足なのかと思い、仕方なくソッレンチューナのローテブルー中学校へと通い始めた。

しかし、新学期が始まって二、三日たったある日の放課後、ヴァクサラ中学校の副校長からローテブルー中学校の私宛に電話がかかってきた。副校長は、代理教員の仕事を私に頼むことになったことを伝え、明日から学校に来て欲しいと言ってきたが、これは困った。私は早速、ローテブルー中学校の校長のところに行き、①ウプサラの中学校で一年間の代理教員の仕事があり、応募したところこの職がもらえたこと、②学校では明日から来て欲しいと言っているので、明日からでもウプサラで仕事を始めたいこと、③この代理教員の仕事は一年間であり、一年後にはクビになるのでソッレンチューナの中学校での仕事は退職ではなく休職という形にして欲しいことなど、「無理とも思えるような要求」ばかりを校長に話した。

スウェーデンの労働基準法である労働者保護法（ＬＡＳ：Lagen om anställningsskydd）では被雇用者の権利が大きく認められており、校長は私の「要求」すべてを認めてくれることになった。しかし、このわがままとも思える要求も、労働者保護法から見れば単に当然の権利を行使したにすぎない。一般職では、被雇用者が雇用者に退職を通告するときには三ヵ月の通告期間があ

（5）　育児休暇のこと。母親休暇と同様、原則として二四〇日間の休暇をとることができる。休暇中は、給料の八〇パーセントが保護者手当として支払われる。

（6）　勤務年数により計算されるメリット点数で、同一コミューン内の学校に転勤する際には勤務年数がそのまま点数として評価されるが、ほかのコミューンの学校に転勤する場合には勤務年数は半分にしか評価されない。つまり、私はソッレンチューナで一〇年間にわたって教員をしたわけだが、ウプサラで教職に就く場合には五年間の評価でしかないということである。

るのだが、教職で三ヵ月の通告期間を遵守していたのでは学校活動が停止してしまうため、学校社会においては退職通告をすればすぐに転職が認められている。また、転職の際に「退職」ではなく「休職」にすることに何ら問題はなかった。これは法律により、現職と同等または同等以上の職に転職するときには現職を休職扱いにすることが認められているからである。

以前、ウプサラ・コミューンでは、教員の新規採用や代理採用の就職案内を新聞に出すのが遅くて、新学期が始まる直前であったり、新学期がすでに始まってからであったりしたため、ウプサラ中心部の学校に教員を引き抜かれた周辺コミューンの学校では、当然、代理教員を至急補充しなければならないということがたびたびあった。学校によっては新学期が始まって一ヵ月も過ぎているのに教員が不在であったり、大学生のアルバイトや失業中の保護者を臨時に雇って代用教員としてしのいでいるところも多くあった。

校長と話を終えた私には、ただ一つだけ心残りがあった。それは、私が受け持っていた生徒たちに「さよなら」を言わずに、突然、学校から消え去ってしまうことであった。後ろ髪を引かれる思いで私は、アパートから歩いてわずか七分のところにあるヴァクサラ中学校に代理教員として勤めることになったわけである。ヴァクサラ小・中学校の詳細については後述することにするが、この学校での第一週目に私が感心したことが二つあったので、それをここに記しておく。

一つは、ヴァクサラ中学校ではすでにこの時点（一九九〇年）で「生徒民主主義」の制度を取り入れていたことである。これは、毎年新学年が始まるにあたって、各クラス代表の生徒たちと全教職員との「校則会議」において、校則各項について生徒たちの意見を聞き、生徒たちや教職員全員が納得できる校則づくりを行っていくというものである。そして、もう一つは、この学校の生徒たちが中学生とは思えないような深い考え方をしていることであった。私は、高校生を相手に授業をしているような錯覚に陥ることがよくあった。おそらくこれは、大学都市ウプサラに住むアカデミックな保護者たちが、社会の出来事や新発明、新発見などを子どもたちと家庭で話し合っているからであろうと考えられた。うわさ通り、ヴァクサラ中学校は伝統ある名門中学校であった。

一年契約の代理教員という立場上、当然、一年後にはここを退職した。ソッレンチューナのローテブルー中学校に戻るということも考えたが、片道一時間という時間がもったいないのでウプサラ・コミューンの北の端にあるビヨルクリンゲ中学校（Björklinge högstadium）に転勤をすることにした。ビヨルクリンゲは車で約二〇分の距離にあり、学校のすぐ近くには森や湖があって、生物の教員としては自然のなかで授業ができるのが非常に楽しかったし、またありがたかった。冬になると生徒たちと一緒に湖でスケートをしたり、氷に穴を開けての氷上魚釣り大会や森のなかでクロスカントリースキーなどを楽しむことができ、街中のヴァクサラ中学校にはない良さがビヨルクリンゲ中学校にはあった。しかも、この中学校には個性の強い同僚たちが多く、何かにつけて楽しい学校であった。

しかし、ウプサラ・コミューンの経済の悪化は学校社会にも影響を及ぼし、学校内の経済において最大の支出部門である人件費の削減が図られることになった。以前なら一グループ二〇人程度のグループ教育であった数学や理科系科目の授業は、一クラス三〇人を単位としたクラス授業へと変わり始めた。しかも、以前なら中学校では教員の義務授業時間数が一週間に二四授業時間(一授業時間は四〇分)であったのが、二六授業時間が標準となった。

当時、ビヨルクリンゲ中学校には数学・理科系の教員が合計八人いたが、一九九六年の秋学期からは七人で十分ということになり、解雇時の原則となっている「最後に就職した者が最初に解雇される」により、私が解雇の対象となってしまった。この解雇は、私にとってはショックであった。教員一六年目にして解雇の対象になるとは、まったくの予想外の出来事であった。しかし、私にとって幸いであったのは、たまたまヴァクサラ中学校で数学・理科系科目の教員が急きょ必要となり(六六ページを参照)、その職に関して副校長から私に連絡が入って、再び私はヴァクサラ中学校の教壇に立つことになったわけである。

私が住むウプサラの街を紹介しておこう。人口約一八万人の大学町である。スウェーデンの総人口がわずか九〇〇万人弱であることもあり、一八万人となるとスウェーデンでは四番目に大きいコミューンとなる。ウプサラ大学は一四七七年に創立された北欧最古の大学であり、生物種の学名を、属名と種名で表示する二名法を確立した植物学者リンネ(7)で世界的にも有名である。また、私たちが日常使用する温度計の単位、摂氏(℃)の「C」は、天文学教授であったアンデシュ・

セルシウス（Anders Celsius、一七〇一～一七四四）の頭文字をとったものである。余談になるが、セルシウスが考案した当時の温度計は現在の温度計と計測法が逆で、一〇〇度が水の氷点、〇度が沸点であった。

ウプサラの街中には小さなフィーリス川が流れ、川の西側には北欧最大のウプサラ大聖堂があり、大学関係の建物が集中している。私が勤めるヴァクサラ小中学校は、フィーリス川の東側にある。学校建設が始まった一九二五年当時、学校付近は工場や労働者地区で、街の一番はずれでもあった。川を挟んで、アカデミックな西側と下町の東側。その下町の労働者地区に立派

(7)　Carl von Linné（一七〇七～一七七八）日本語では「リンネ」であるが、スウェーデン語では「リネー」と発音する。

スウェーデンの100クローネ紙幣にはリンネが描かれている。2003年９月14日に行われた欧州経済通貨統合（ＥＭＵ）への加入の賛否を問う国民投票の結果、非加入案が勝利を収め、今まで通りリンネも紙幣上に残ることになった。

ウプサラ中心部

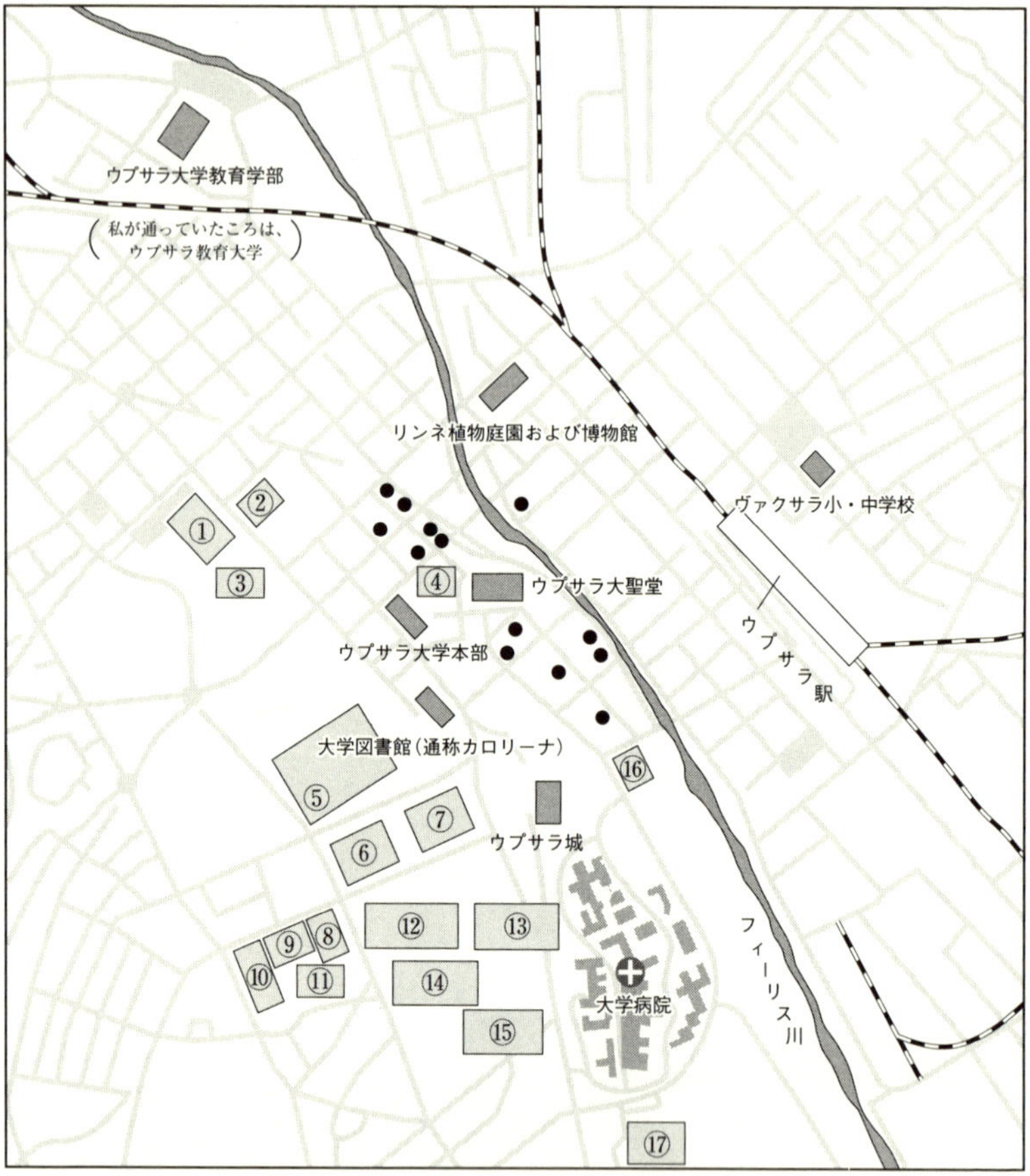

地図の説明（ウプサラ中心部）

① 人文・社会科学センター
② 生物博物館
③ 天文台
④ グスタヴィアーヌム
⑤ 化学科、物理学科、工学科
⑥ 植物学科リンネ館
⑦ 植物園
⑧ 動物学科
⑨ 湖沼学科
⑩ 古生物学科
⑪ 地理学科・地質学科
⑫ 植物園
⑬ 細菌学科
⑭ 植物生態学科
⑮ 薬学科
⑯ 大学体育館
⑰ 病理学科

□ 大学関係の建物（学部や学科）大学病院 ✚ Akademiska siukhusetも含めると、大学関係の建物は更に増加する。

● 学生ネーション（203ページ参照）

重要文化財に指定されているヴァクサラ小・中学校

ヴァクサラ小・中学校全景

校庭側にある創立年碑

ローマ式柱

校門渡り廊下

校門

な学校を建て、大学に対抗できる文化地区をつくるというビジョンのもとに学校建設と都市開発が行われた。

ヴァクサラ小中学校は、現在もスウェーデン建築界にその名を残す、当時のウプサラ市建築局主任設計士のグンナル・レッケ（Gunnar Leche、一八九一～一九五四）によって「子どもたちに最善の環境を」をモットーとして設計され、スウェーデンでもっとも美しい建物の一つに数えられている。校舎は国の重要文化財となっており、ストックホルム工科大学の建築学部の学生たちが今でもよく見学に来ている。

ヴァクサラ中学校の「国会」

私の学校の生徒会は、「国会」という名で呼ばれている。この国会は、「イジメをなくす委員会」、「快適委員会」、「授業委員会」という三つの委員会から成っている。各委員会の委員は各クラスの選挙でホームルームの時間に選出され、常任委員一名と代理委員の一名から成っている。各委員会では会合を開き、それぞれ委員長および副委員長が選出される。そして、各委員会には教員が一名ずつ補佐役としてつき、これら委員会の活動を援助している。教員はあくまでも補佐役であり、活動の中心は生徒たちにある。また、これら三つの委員会の活動状況を報告しあう「国会委員理事会」もある。この理事会は、スウェーデン生徒機関（一七一ページの注を参照）

表1　ヴァクサラ中学校生徒会（国会）の仕組み

国会委員理事会
各委員会から生徒代表1名ずつ、計3名
補佐教員1名

イジメをなくす委員会	**授業委員会**	**快適委員会**
各クラスから生徒代表1名	各クラスから生徒代表1名	各クラスから生徒代表1名
補佐教員1名	補佐教員1名	補佐教員1名

「国会」召集。教員は生徒民主主義の補佐役となる。

と生徒たちとの連絡係となり、春学期にスウェーデン全土を対象として行われる「オペレーション・一日労働」（一七〇ページ参照）を組織する。さらに国会委員理事会には、学校の環境基金（約七万円）を管理運営するという重大な役目がある。

この国会の目的は、学校環境や学校活動に生徒たちの意見を反映させると同時に、アイデアを実行に移す際の民主主義的プロセスを生徒たちに習得させることにある。また学校では、毎年五月、各委員会の全委員を「一日慰安旅行」に招待し、ストックホルム群島やオーランド島（フィンランド）などへの船旅を行って委員会活動の労をねぎらっている。

次に、それぞれの委員会を説明しておこう。

イジメをなくす委員会

イジメをなくす委員会は、生徒たちが不安や嫌な思いをせずに毎日の学校生活を送れるように生徒同士の友情活動を行っている。月に一度開かれる会合では、委員たちは補佐役の教員とともに各クラスでの不仲やイジメの実態などを話し合うことになる。教員としては、休憩時間や昼食時間に食堂などを見回るが、教員の目の前ではイジメが絶対に起こらないから、学校側としてはその対策の施しようがない。もちろん、生徒たちは、クラス内で誰がよくイヤミを言われているのか、誰がのけ者になっているのかを知っている。

イジメをなくす委員会の委員は、毎年秋学期が始まると「守秘」に関する講習を受け、イジメ委員会で行ったディスカッションの内容は口外してはならないことを教えられる。そして、イジメが起こった場合には、まずイジメをなくす委員会が「イジメをする生徒」と連絡をとり、解決に向けて努力をすることになる。それでもイジメが続くようであれば、委員会は「生徒ケアチーム」（心理カウンセラーおよび養護教諭）と連絡をとり、生徒ケアチームはほかの生徒にわからないように「イジメをする生徒」を呼んで問題解決に向かう。保護者の呼び出しは、生徒ケアチームの努力が実を結ばなかったときにとられる最終手段である。

このほか、イジメをなくす委員会は、毎年春学期にケーキ大会を開催したりしてクラスの調和に努めている。

授業委員会

授業委員会は、各教科授業に生徒たちの意見を反映することを目的としている。授業委員会は、各クラスの時間割の偏りを調査し、週の特定日に宿題が集中しないよう、また試験やレポートの提出がある特定週に集中しないように目を光らせている。授業委員会の補佐教員は、委員会で出た不満点を学年チーム会議（五三ページ参照）に報告すると同時に各教科教員に伝達し、授業計画の再考を促すことになる。

快適委員会

快適委員会は、生徒たちの学校生活をより楽しいものとするために学校の環境状態に注意を払っている。校外スポーツ活動の日の種目を提案したり、ハロウィーンやバレンタインデーの計画、終業式でのショーの企画などはこの委員会が行っており、「ヴァクサラ中学校生であることの連帯感の強化」を図っている。また、快適委員会の二人の委員は安全管理責任者(8)としての教育を受け、コミューンの安全対策委員会が年に一度行う巡回検査では、生徒たちから見た改善策を提案している。

---

(8) Skyddsombud。労働環境法(Arbetsmiljölag)では、満足できる労働環境維持の最終責任は雇用者側にあるとしながらも、その改善には雇用者と被雇用者の協力が不可欠なことを述べている。被雇用者側の代表は「安全管理責任者」と呼ばれ、労働組合が行う職場の環境や安全教育を受け、雇用者に対し被雇用者側の意見を述べる。学校を例にとれば、何かの事件や事故のために生徒や職員の安全が確保できないと安全管理責任者(職員会議で選出された教員)が判断した場合には、学校管理職の意見を聞くことなく学校を閉鎖することができるほどの権限をもっている。

第2章

いよいよ学校へ

新入生と新米教師を待ち受ける上級生

二学期制であるスウェーデンの中学校では、毎年八月になると多くの新入生たちが胸を膨らませて入学してくる。その彼らを待ち受けているのが三年生たちである。彼らは、自分たちが入学したときに当時の三年生たちにやられたことを新一年生に対してできるという暗黙の「権利」をもっている。このことを「ノル・メルクニング」（Nollmärkning、noll はスウェーデン語で「ゼロ」、märkning は「マーキング」）と呼んでいる。

たとえば、一年生の額にマジックインキで大きく「0《ゼロ》」と書いたり、体育館のシャワー室に一年生を連れ込んで服を着たままシャワーをかけたり、学校の前にある広場の泉に放り込んだりという「戯れ」であるが、一年生からすれば、すでに大人のような体格の三年生につかまって「被害者」となるのが怖くて、最初の一ヵ月は、授業の合間の休憩時間や昼休みなどはとくに神経質になっているようだ。もちろん、学校としてはノル・メルクニングを認めていないし、毎年、三年生のホームルームの時間にノル・メルクニングの絶対禁止を訴えつづけてはいるが、どうやら三年生たちにとっては、これが学校の「伝統」であるという認識が強いようだ。イジメ同様、教員の目の前では絶対に起こらない出来事（セレモニー）である。

このノル・メルクニングは、中学校だけではなく高校や大学にも存在しており、当然、規模も大きくなる。ストックホルム工科大学では、新入生が上級生にオモチャのピストルで銀行強盗のまね事をするように命じられて実行して警察沙汰になったこともあるし、ウプサラ大学では大学生たちが国鉄（ＳＪ）駅前の泉に洗剤を大量に放り込んで、その周辺までもが泡だらけになってしまったということもあった。

そのほかにも、化学を専攻する男子学生たちによる「人体化学実験」というのもあった。学生パブにみんなで行き、ビールを飲む。その際、新入生は少量のリトマス溶液も一緒に飲まされるのである。何杯もビールを飲むと当然小便に行きたくなる。学生パブなどの男子便所には小便の流し台があり、何人もが同時に並んで小便ができるようになっている。化学を勉強した方ならご存知と思うが、リトマス溶液は酸性では赤く、アルカリ性では青紫に発色する。となると、小便はアルカリ性であるから青紫色の小便を放出することになる。何も知らないほかの学部の男子学生たちは、小便をしている最中に突然横から青紫色の小便が流れてくるのを見てびっくり仰天する。その光景を見て、化学部の学生たちはほくそ笑んでいるようである。

まあ、言ってみればノル・メルクニングは「罪のない（？）悪ふざけ」なのだろうが、度が過ぎるとやはり大きな問題ともなる。

ウプサラ教育大学を卒業した後、私が最初に勤務したのはストックホルム郊外にあるソッレンチューナ・コミューンのローテブルー中学校であるということは前章で述べた通りである。ソッレンチューナは、ストックホルムのベッドタウンといえるコミューンである。私がこの中学校を選んだのは、教育大学時代にこの中学校で三ヵ月間の長期実習を行った関係もあって同僚や生徒たちも知っていたし、私の住むウプサラからは約五〇キロメートルの距離にあり、国鉄とストックホルムの通勤電車を乗り継げば約一時間で通える距離にあったからである。

　私が教員を始めて二週間ほどが過ぎたある日、授業の空き時間に学校の図書館で調べものをしていた。そのとき、やはり空き時間[1]の二年生数人が私のところにやって来て、しばらく一緒に雑談をした。そのメンバーのなかには、休憩時間などに生徒たちの面倒をみて、全生徒の母親代わりともいえる「学校おばちゃん」（名前はビルギッタ、Birgitta）の娘もいた。

　しばらくすると、パトリック（Patrik）という男の子が私に「目をつぶれ」と言う。言われるままに目をつぶると、今度は「口を開けろ」と言う。これは、ひょっとするとミミズか何かを口に放り込まれるのではないかと怪しんで、目を開けて「何をするつもりだ？」と言った。彼らは、「ビルギッタにも同じことをした」と言う。そのビルギッタはというと、私のほうを見てニヤニヤしている。「学校おばちゃん」がしたのに私が逃げたのでは馬鹿にされると思い、怪しいとは思いながら生徒たちの言う通りに目をつぶって口を開けた。すると、柔らかな物が口に入ってきた。生きものでないことは瞬間的にわかったが、果たしてそれが何なのかはさっぱりわからなかった。生徒たちは、大声を上げて笑いだした。そして、目を開けて見ると……やられた！　水を入れたコンドームであった。

私は、怒るに怒れず生徒たちと一緒に大笑いをしたが、この出来事以後、このクラスの生徒たちとの距離が非常に縮まったことはまちがいなかった。それにしても、彼らの度胸のよさ（？）には今もって感心する。毎年、世界中で何十万人という新米教員が職に就くのだろうが、生徒たちからこんな「歓迎」（ノル・メルクニング）を受けた新米教員もそうはいないだろう。

中学一年生のクラス分け

スウェーデンの基礎学校（日本の小・中学校に相当する）では、原則的に小学校六年間にわたってクラス替えはない。そして、中学校になってからも、そのクラスのまま三年間を過ごすところも多い。この場合、子どもたちにとってはクラスのなかでの「自分の位置」が確立しているので安心感が生まれ、そして友達やその家族をよく知っているという親近感もあって、中学校という新しい生活にも溶け込みやすいというメリットがある。私は、そのようなクラスの担任を三年

（1）時間割に組み込まれた授業のない時間。時間割によっては、ほかのクラスに比べて始業時刻が遅かったり、終業時刻が早かったり、時間割に授業のない時間があったりする。空き時間が一時間目や最終の授業時間であれば「朝寝の時間」、「早く下校できる時間」として生徒たちに人気があるが、授業と授業の間の空き時間はブラブラするだけで何もすることがないので人気がない。

間にわたってしたことがあるが、生徒たちはクラスの友達というよりは兄弟姉妹といった感じで、クラスの保護者会も、長い間の付き合いからか友人や親戚の集いといった、和気あいあいの和やかな雰囲気であった。

しかし、校区内にある幾つかの小学校クラスを混ぜて中学校のクラス編成をする場合は、小学校六年の担任がクラス分けの下準備をすることになる。男女比を考慮に入れ、仲の良い友達同士は同じクラスに、仲の悪い生徒たちや態度に問題がある生徒たちは別々のクラスに入れ、「不安要素」の分散に心掛けている。

そして、各小学校からの提案を中学校の副校長（教頭）がまとめ、七年生（中学一年）の各クラスが成立することになる。混合編成された中学校では、新しい友達を見つけるのには格好の場所ともなるし、新しいクラスに入ることで今までの自分から脱皮して「新しい自分」を発見し、人間的に大きく成長することも多々ある。ただ、混合編成をしたクラスだと、クラス全体が落ち着いて、仲間意識をもった一つの共同体として成立するまでに約一学期の期間を要することになる。しかし、先にも述べたように中学校では三年間クラス替えがなく、教科担任も一年から三年までの三年間もち上がりなので、一学期間という期間もそれほどのデメリットにはならない。

それに、日本の学校に見られるような教員の人事異動もまったくないので、生徒と教員との間で信頼関係も築きやすい。ちなみに、その是非は別として、極端な場合には、教育大学卒業後から六五歳の定年を迎えるまで同じ学校に勤務するということもこの国においてはある。

生徒のことに関して、学外で口外してはならない

中学一年生の担任や教科担任になると、新学年が始まってから一週間以内に小学校六年生のときの担任との間で「引き継ぎ会議」がある。この会議の目的は、小学校の担任から生徒一人ひとりについて、性格、特殊体質、苦手な科目、場合によっては生徒の学校生活に影響を与えかねない家庭環境などの報告を受けることである。もちろん、この会議の内容は学校外で話すことが禁じられている。生徒たちの人権尊重については職員会議でもよく取り上げられるし、すべての教員は、秘密保持法(2)に基づき、人権侵害が起こるような内容は口外しないという誓約書にサインをしている。唯一この法律が適用されないという例外は、その生徒の保護者に、学校内での出来事を直接連絡する場合だけである。

よって、職員室では学校内での出来事や生徒のことに関して同僚たちと自由に話すことができるわけだが、実習に来ている教育大学の学生はその域ではない。私が勤める学校で、次のような

(2)　Sekretesslag。スウェーデンでは、国およびコミューンの全行政範囲において公開原則が適用されている。しかし、公開原則の例外を規定しているのが秘密保持法で、国家の安全、経済政策、犯罪予防、個人のプライバシーなどに関する守秘義務を決めている。

出来事があった。

私の同僚二人が、ある生徒の授業中の態度の悪さについて話し合っていた。彼らの話は生徒の家庭での躾の仕方に発展し、両親の責任のなさにも話が及んだ。そして、その日の晩、一方の同僚のところにその生徒の母親から電話がかかってきて、職員室での会話に対する文句を述べたうえでその真偽をただしてきた。

同僚は職員室での会話が校外にもれたことに驚き、そのとき誰が職員室にいたかを考えた。会話の相手であった同僚のほかに数人の実習生がいたことを思い出し、翌日、実習生たちにこの件のことについて尋ねると、そのうちの一人がその家族の知り合いで、職員室での会話の内容をその母親に電話で話したということがわかった。それ以来、私の学校では、実習生が来るたびに学校内での生徒に関する出来事は口外してはならないことを必ず校長が説明することにしている。

では、秘密保持法という目に見えないバリアーに囲まれた学校内では、校内での出来事や生徒たちが抱える悩みや問題について教員たちと生徒ケアチーム(3)が自由にディスカッションできるかというと、答えは「ノー」である。なぜなら、生徒ケアチームには生徒のもつ身体的、心理的な問題に関して、人権尊重の立場から一般教職員以上に秘密保持が要求されるからである。そして、生徒と生徒ケアチームとの間の話は、生徒の保護者であっても話の内容を知ることはできないのだ。このことは、生徒ケアチームの仕事が生徒たちとの信頼関係のうえに成り立っていることを証明している。

たとえば、私が教科担任をするクラスの生徒が授業中も勉強に集中できず、宿題も怠けがちになったとしよう。私は生徒の指導担任(4)に連絡をとり、生徒の態度の変化を報告する。指導担任がすでにその原因を知っている場合、その問題の性質によっては原因を話すこともあるし、秘密保持の建て前からまったく話さないこともある。指導担任がその原因を知らない場合は、ほかの生徒たちに知られぬようにその生徒と連絡をとり、学校生活での不満点や友人関係、イジメの有無、心配事や悩み事を尋ね、指導担任は問題解決に努めることになる。しかし、だからといって生徒たちが自分の指導担任に心配事や悩み事を正直に打ち明けることはほとんどない。大抵の場合、「最近、少し体が疲れている」といった程度にしか答えない。なぜなら、心配事や悩み事を打ち明けた場合、指導担任が保護者と連絡をとるかもしれないからである。指導担任は、保護者から学校内での出来事をできるだけ多く連絡するように要求される。そのため、指導担任は、できる

(3) Elevvardsteamet。生徒ケアチームは、養護教諭、悩み相談カウンセラーまたは心理カウンセラーから成り、生徒が毎日の学校生活を精神的、肉体的に健康に送ることができ、学習成果を上げることができるようにアドバイスをしている。

(4) 一クラスは原則的に二人の学級担任からなり、各担任はクラスの半数の生徒たちを自分の指導グループとして面倒をみる。そのため、学級担任はクラス半数の指導担任となる。ホームルームは指導担任グループごとに別室で行い、三者面談では生徒と保護者はこの指導担任と懇談をする。八七ページの表3も参照。

だけ多くのことを生徒から聞き出そうと努めるわけだが、保護者の要求にこたえるべく指導担任が努力をすればするほど生徒との信頼関係が薄れていく可能性もある。

それでは、この場合はどうするかというと、指導担任は生徒ケアチームに連絡をとり、この生徒の授業態度や学習結果の変化を報告することになる。生徒がすでに生徒ケアチームの誰かに相談している場合でも、前述の守秘義務のために、生徒ケアチームから指導担任にはその内容はまったく知らされない。生徒が生徒ケアチームと連絡をとっていない場合には、生徒ケアチームはほかの生徒にはわからぬようにその生徒を呼んで悩み事の相談に乗ることになる。先にも記したように、保護者に対しても相談内容を知らせることはまったくないため、生徒たちは安心して生徒ケアチームに悩みを打ち明けることができるのである。

思春期に入り、情緒不安定となる悩みの多い生徒たちの信頼を得、そのうえで生徒たちの相談に乗っている生徒ケアチームの存在および活動が重要なことはよくわかっているが、私も含めて同僚の多くは、指導担任や学級担任に対しても徹底した守秘義務をまっとうすることには少々不満をもっている。

たとえば、生徒が窃盗や暴力、麻薬事件に関係していたり、長期不登校、家庭環境問題などで生徒の将来が案じられる場合、この生徒に関する生徒ケア会議が開かれ、指導担任は校長、生徒ケアチーム、ときには社会援助委員会(5)の代表に生徒の出欠席、授業中の態度や友人関係、成績などを報告するために出席をすることになる。しかし、社会援助委員会が生徒やその家族と連絡をとっている場合であっても、社会援助委員会と生徒ケアチームの間でどのような具体策が検討されているのかを指導担任に知らせることは一切ない。そのため、表面的には何らの進展が見られない生徒ケア会議となり、指導担任からは不満の声が出るというわけである。

名簿に載らない生徒たちとアルファベットの子どもたち

スウェーデンの学校には、何らかの理由で学校の生徒名簿や職員室にある生徒の出席簿にも名前の載らない生徒たちがいる。もちろん、学校アルバムやクラス写真にも彼らの姿はないし、学期末に教科担任がサインをするクラスの成績表にも彼らの名前が載ることはない。そのような生徒の住所や電話番号は、学校の事務室、生徒ケアチームおよび生徒の指導担任だけが知る極秘情報となっており、電話局に電話番号を問い合わせてもわからない。

（5）Socialnämnd。社会援助委員会には各個人や家族の生活保護に関する多くの活動分野があるが、青少年対策部門においては、家庭との協力によって、青少年がアルコール飲料や麻薬、ドーピング剤など依存症を引き起こす物質を濫用することなく、善良な社会環境下で肉体的、社会的に調和の取れた人間に成長するよう援助活動を行っている。青少年のために家庭外での生活や保護が最善であるとの判断を社会援助委員会が下した場合には、地方裁判所に対して青少年を里親に預ける提案を行ったりもする。

彼らは何らかの理由で社会的にアイデンティティーを隠す必要に迫られており、常日頃からかなりの精神的な重圧を受けている。私が受け持った生徒のなかにも、両親が離婚訴訟中で子どもの養育権をめぐって争っており、最悪の場合、子どもが誘拐されるという可能性があった場合や、家族の一員があるキリスト教派を脱会したために嫌がらせを受け始めたというケースもあった。後者の場合の家族は、以前住んでいたアパートを引き払い、生徒も他校から「生徒名簿に名前が載らない生徒」として転校してきた。生徒ケアチームは、これら「名簿に名前が載らない生徒」と絶えず連絡をとり、生徒の心のケアに日頃より努めている。またそれだけでなく、警察やコミューンの社会援助委員会は、生徒ケアチームと定期的に連絡会議を開いてその家族のことを熟知し、いざというときのための保護対策プランを作成することになっている。

そして、もう一つ特殊な事情をもった子どもたちがいる。「アルファベットの子どもたち」と俗に呼ばれている、何らかの障害をもった子どもたちである。長々とした障害名の頭文字をとり、アルファベットで簡略化して表示されるのでこのように呼ばれているわけだが、その代表的な障害としては次のようなものが挙げられる。

ＡＤＨＤ（Attention-Deficit/Hyperactivity Disorder）——注意欠陥／多動性障害

ＡＤＨＤの生徒たちには次のような特徴が見られる。

●授業中に席を立って動き回る。
●ちょっとしたことでカッとなったり、相手にやり返すなどのトラブルが多い。
●集中できる時間が短く落ち着きがなく、じっとしていられない。
●自分勝手な発言が多い。
●嫌なことや苦手な学習には取り組まない。
●指導に対してほとんど応じない。
●失敗を必要以上に深刻に受け止め、極端に臆病になる。
●仲間と遊ばない。または、ルールを守らずトラブルを繰り返す。
●忘れ物、なくし物が多い。
●人の話を最後まで聞けない。

LD（Learning Disability）――学習障害児
知的発達の遅れはないが、聞く、話す、読む、書く、計算する、または推論する能力の習得と使用に著しい困難を示し、自分で考えて結論を出すのが困難である。

ADD（Attention Deficit Disorder）――注意欠陥障害
注意力や集中力に欠け、精神的に不安定で衝動的行動をとるため社会的問題を起こしやすい。

学校の勉強では集中力に欠け、飽きっぽくて勉強を途中で投げ出すことが多く、両親や教師とよくトラブルを起こす。

MPD（**Motor Perception Dysfunction**）――運動知覚障害

DCD（**Development Coordination Disorder**、発達性協調運動障害）と同意語。手足の麻痺はないが、動きの協調が必要な動作に障害があり、目と手の協調が困難（書字、黒板を写す）、粗大運動の障害（全身運動やバランスの悪さ）や微細運動の不器用さ（手先が不器用）があって、日常動作や学業に支障を来す状態をいう。

DAMP（**Deficit of Attention,Motor control and Perception**）――DAMP症候群

注意欠陥障害（ADD）と運動知覚障害（MPD）との二つの状態が合併した場合にDAMP症候群と定義される。少し不器用な印象を受ける。

MBD（**Minimal Brain Dysfunction**）――微細脳機能不全

ADD＋MPDとも定義される（DAMP症候群と同様）。性差については、「三：一」あるいは「五：一」で男子に多く、女子に少ない。

（中根　晃編『ADHD臨床ハンドブック』〔金剛出版、二〇〇一年〕および関連ホームページを参照して筆者作成）

脳性マヒ（ＣＰ：Cerebral palsy）の生徒たちだけを集めた特殊学級は別にあるが、「アルファベットの子どもたち」の場合は一般の学校の一般のクラスに入学することが原則となっている。これは、障害をもった生徒たちを隔離するのではなく、一般の生徒たちと同様に社会の一員として迎え入れるべきであるという考えに基づいている（インテグレーション）。

私自身の経験によれば、彼らは一般の生徒たちと知的能力において差は見られないが、落ち着きがなく集中力に欠けるため、現在の一クラスの生徒数が三〇人という多さでは授業を形成することが難しい。彼らのために授業が中断されることもあり、ほかの生徒の保護者たちからも苦情が出て、その結果、保護者たちと学級担任による「対策会議」が開かれることもある。しかし、そのような「対策会議」においても、学級担任は問題となっている生徒の障害を口外してはならないことになっている。

ヴァクサラ中学校には、一九九八年の秋学期にスタートをした「特殊教育クラス」がある。現在、このクラスの一〇人の生徒はたまたま全員が男子であるが、すべて学習障害（ＬＤ）、注意欠陥・多動性障害（ＡＤＨＤ）や自閉症、トゥレット症候群[6]をもち、一クラスが三〇人という普通クラスの授業ではほかの生徒たちや教科担任と衝突する恐れがあると思われる生徒を集めたクラスである。

このクラスでは、二人の教員が生徒たちに実技科目を除く全科目を教えている。一人の小学校教員が生徒たちの学習面に力を注ぎ、もう一人の教員が生徒たちの人間関係、社会関係の向上に力を注いでいる。この特殊教育クラスの目標は、中学三年の卒業時に基礎科目（国語、英語、数学）において「可」の成績が全員につき、すべての生徒が高校に入学できることである。

一般クラスでは「進歩発展」のための三者面談は一学期に一回であるが、このクラスでは、一学期に最低二回の三者面談を行っている。また、それだけでなく、前述した教員二人が、毎週、生徒の保護者たちに「今週の出来事」を書き、日常の出来事について生徒一人ひとりへのコメントを電子メールで送っている。

会議、会議、会議……

スウェーデン人は会議の好きな国民である。毎日、必ず何かの会議をやっている。一般企業や官庁に勤める保護者宛に職場へ電話をすると、会議中であることが実に多い。一週間にどのくらいの時間を会議に費やしているのか、またいったい何の会議をしているのか？　もちろん、これは職種によって異なっているわけだが、興味をもった私は二〇人の友人に電子メールを送って、彼らの会議ぶりを参考までに調べてみた。

一週間の最高回数および時間数は、製薬会社で新製品の開発プロジェクトに携わっている女性で、なんと会議数一〇、会議時間数二五時間であった。言ってみれば、彼女は毎日平均二回、五時間も会議に出席しているわけである。その次は、分析機器会社に勤める男性で、彼の場合は会議数五、時間数二〇時間であった。彼らの会議内容は、主に新製品開発プロジェクトの企画、中間報告や存続決定に関してであり、会社の生き残りをかけた製品開発の詳細が討論されるために会議が長引くようである。

新聞社の文化部長をする友人は、出勤している時間はすべて会議時間だと前置きをしたうえで、彼が必ず出席しなければならない正式に「会議」と名の付いたもので週に三回、時間数にして五時間だと語ってくれた。会議の内容は、短期、長期的な企画会議である。また、建築床材の大手会社で販売部長を勤めている友人は、次のような回答を送ってきてくれた。

●各部小会議：月に一～二回、一回約二～三時間。
●部長会議：年に六回、一回一日中、ときには二日間にわたる。
●地区販売会議（地区販売課長と販売従業員六人～一五人の会議）：二ヵ月に一回、一日中。
●全国販売会議：年に二回、全販売従業員が出席する。一回一～二日。

（6）Tourette Syndrome。トゥレット症候群とは、自分の意志とは無関係に突然繰り返して起こる体の運動（目ばたき、顔しかめ、首振り、肩のぴくつき、他人や物へのタッチ、匂い嗅ぎ、キック、ジャンプなど）や、喉や鼻を鳴らしたり、声を出すこと（咳き払い、ノド鳴らし、鼻鳴らし、甲高い声、意味不明な言葉や自分または他人の言葉尻りの繰り返し）を主症状とする重症のチック症で、併発症として、強迫性障害、注意欠陥多動性障害、過剰な衝動性、学習障害、睡眠障害などがある。

販売する製品の種類は違っても、販売会社においては大抵上記のような会議状況であるかと思われる。私の友人たちは、平均すれば週に三～五時間の会議時間ということであったが、なかには週に一度、一時間と、会議地獄から解放されている友人たちもいた。しかしこれは、例外に近いケースであると思われる。ちなみに、会議数がゼロという友人はさすがに一人もいなかった。

では、学校はどうかというと、もちろんその例外ではない。全職員会議、学年会議、教科会議、成績会議、テーマ会議、生徒ケア会議、学校会議など、ときには会議のための会議を行っているような印象すら受ける。ここで、学校内における会議について少し説明してみよう。

❶全職員会議

全職員会議は週に一度開かれる。放課後の午後三時半から五時までとし、校長または副校長がリーダーを務めて行われるのだが、ほとんどの場合は全職員への伝達事項が中心となる。もし、教員の誰かが学外プロジェクトや研修会に参加した場合には、その教員がオーバーヘッドプロジェクター（スライド）を使って研修会などの内容説明をすることになる。また、全職員会議においても討論しなければならないこと（校則やイジメ対策、案内パンフレットの見直しや教員講習会の内容）があり、そのときは必ずしも午後五時に終わるとはかぎらない。

私がスウェーデン的だと思うのは、そのようなときに一人、二人と会議の席から教員が消えていくことである。会議は五時までと決まっている以上、各人が五時以降にプライベートな予定を入れてもいいわけだし、小さな子どものいる同僚が託児所へ子どもを迎えに行くのは当然である。しかし、結論が出ないままその議案が次回にもち越しというのは、決議までの時間がかかりすぎて私はあまり好きではない。

私が勤務する学校が一年以上にわたって改築をしていたとき、校長の決定でこの全職員会議が午後五時半から七時までに変更になったことがあった。これは、学校改築の期間中、同じ校区にある別の小学校の一部を借りて行われていた六歳児教育(7)の担当職員や小学校四年までの学級担任たちも同じ会議に参加できるようにという配慮からであったが、電車やバスを使って遠くから通勤している者や小さな子どもをもつ同僚たちから総スカンを食い、いつのまにかこの夕方の会議は消滅してしまった。

❷学年チーム会議

教科担任は一学年だけを対象として教えているわけではなく、大抵の場合、中学一年生から三

(7)　六歳の幼稚園児に、小学校一年生で取り上げる内容を学校教育としてではなく遊びながら教えていく新教育方式で、一九九四年に制定された。一クラス二五人を定員とする。ヴァクサラ小中学校内で行われている二〇〇三年秋学期～二〇〇四年春学期の六歳児教育では、幼稚園教諭二人が二二人の幼稚園児にアルファベットや数字を遊びを通して教え、小学校一年生と一緒に「水」、「調和のとれた栄養」などのテーマを学んでいる。またここでは、グループ活動の規則や民主主義の規則を守るといった社会教育が重要視されている。

年生まで（科目によっては小学校の六年生から中学三年生まで）を同時に受け持っている。教員が学級担任をしている場合には自動的にその「学年チーム」のメンバーとなるわけだが、学級担任をしていない場合には、もっとも多く授業を担当している学年のチームメンバーとなる。

この会議は、週に一度、やはり放課後午後三時半から五時まで、問題児対策やその学年における学校内外での活動（たとえば、新学年開始時の野外活動、テーマ教育、保護者との懇談会、三者面談、見学、生徒たちの学習成果など）を主に取り上げて行われる。また、全職員会議で決議に至らなかった内容を後日「学年チーム」の意見として校長に提出することも多いため、学校全体の方針について討論をすることも多い。

日本では絶対に考えられないことだろうが、私の学年チームでは、月に一度「ワインくじ」なるものを行っている。前回のワインくじで一等をとった職員が、あらかじめ国（たとえばフランス、イタリアなど）を指摘し、それぞれがその国のワインを一本ずつ持参して会議に臨むわけである。私の学年チームは一〇人の教員からなっており、ワインくじの日にはテーブルの上に合計一〇本のワインが並ぶことになる。そして、一等をとった人は六本、二等は三本、三等は一本のワインがもらえることとなっている。そのなかから、一等をとった教員がワインを一本開け、前回一等の教員が用意したパンやチーズ、ハムをつまみとして、ワインを飲みながら会議をするわけである。この「ワイン会議」は私の学年チームで始まり、今ではすべての学年チームの間において行われている。というより、学校だけでなく、さまざまな会社で行われているという話をこのごろよく耳にする。

最近、スウェーデンでも寿司が人気を集めている。どうやら、一般のランチレストランや家庭料理で脂肪分を取りすぎる傾向にあるサラリーマンやOLたちに好まれているようだ。現在のように寿司がブームになる前に、同僚たちからの要望で「学年チーム寿司会議」を行ったことがあった。このことが校長の耳にも届き、「寿司会議」に特別招待をすることになった。私はにぎり寿司や巻き寿司、味噌汁をつくり、ほかの教員たちが持参したビールといっしょに寿司を食べながらの会議となった。

さしずめ日本でなら、放課後とはいえ、「教員が仕事中にアルコールを飲んで不謹慎な……」と新聞紙上を賑わし、教育委員会から何らかの処分を受けるところであろうが、別に酔うほど飲むわけでもないし、アルコールが会話の潤滑油となって会議自体が楽しくスムーズに進み、グループの和を維持するのにも役立っている。

❸教科会議

教科会議は原則的として月に一度であるが、必要に応じてイレギュラーに行うことが多い。全職員会議に比べて、私はこの教科会議が好きである。なぜなら、数学、理科系職員だけの会議なので話も単刀直入だし、テンポもよい。何かを決定しなければならないことがあっても、誰がいつまでに何をするか、といったように具体的に話が進むし、完全な解決策が見つからなくても、一度試してみようという気になるからである。

教科会議には、学校教育局が発表している「学習指導要領」に書かれた各科目の成績基準を、科目の分野ごとに具体的に検討して見直しを行うという重要な任務がある。というのは、「学習指導要領」に書かれているだけでは教育の趣旨や科目教育の目標を示す具体性に欠けるため、各学校ごとに成績基準となる到達目標を具体的に設定し、生徒や保護者から成績に関する質問があったときに提示し、答えられるように書面化しておく必要があるわけだ。とくに、高校入学に少なくとも「可」が要求される基礎科目――国語（スウェーデン語）、英語、数学――においては生徒の高校進学をも左右するだけに、生徒や保護者たちが理解できる具体的なものでなければならない。

次年度に使用する教科書や実験器具をチェックして、(8) 補充注文を決定するのも教科会議である。教科書は貸し出し制であるため、生徒たちの使用の仕方によっては破れたりページがバラバラになったりして、次年度において使用できないことがよくある。そのため、学年末の教科会議では、補充しなければならない冊数をチェックしておく必要があるわけだ。

❹成績会議

毎学期が終了する約一ヵ月前に、中学二年生および三年生の成績会議がある。これは、各クラスの担任が議長となり、そのクラスの教科担任が全員出席して、このままいけば学期末の成績表(9)において「可」がもらえない(10)生徒をチェックするものである。

会議の後、教科担任は、学校で用意されている「不可警告規定用紙」に不可警告の理由や「可」に到達するために不足している分野の知識を具体的に書き込み、事務室に提出する。事務室では、各教科担任から不可警告を集計し、それぞれの生徒の保護者に郵送する。これは「不可」執行への猶予期間であり、学期末あるいは学年末までに残された最後の一ヵ月間、劣っている分野に集中して「頑張れ」という励ましでもある。

(8)　毎年、春学期の終了前には、その年に学校で使用した教科書とほかの出版社の教科書とを比較し、次年度に使用する教科書を決定することになっている。基礎教育（義務教育）は無料であり、教科書は学校が買い揃えて生徒たちに貸し出している。したがって、教科書代は、各教科に割りあてられた予算での大きな支出となる。また、理科系科目においては実験が多いために、実験器具や化学薬品、解剖用の動物の器官などをチェックして夏休み前に注文しておく必要もある。

(9)　スウェーデンの基礎教育では、生徒たちは中学二年生の秋学期終了時に生まれて初めての成績表をもらう（成績表に関しては一二六〜一三一ページを参照）。

(10)　実際には「不可」ということであるが、成績表には「不可」という成績はなく、その記号として三ツ星が記入される。そして、最下欄に「生徒は成績目標に到達しなかった。基礎学校法第7章第9項を参照」という説明がつく。

不可警告規定用紙

VAKSALASKOLAN
ヴァクサラ中学校

RISK FÖR EJ BETYG VÅRTERMINEN 2004　　2004年春学期不可警告

Följande elev i åk 9 riskerar att ej få betyg i nedan nämnda ämne/n vårterminen 2004
9年生下記生徒は2004年春学期に次の科目に成績が付かない恐れがあります。

Namn 生徒氏名 ______________________　Klass クラス ________　Ämne/n 科目 ________________

____

____

Orsak　「不可」になる恐れがある理由

____

____

____

____

____

____

Åtgärd　「可」に達するための対策法

____

____

____

____

____

____

Vaksalaskolan den _____/_____2004　ヴァクサラ中学校2004年×月×日

Underskrift　教科担当教員の署名______________________

Namnförtydligande　教科担当教員の氏名（清書）______________

Vaksalaskolan
Vaksalatorg
753 27 Uppsala

Telefon: 018-727 50 65
Fax: 018-727 51 90
E-post: vaksalaskolan@uppsala.se

教科担任は、学期末に「可」に達しない恐れのある生徒の保護者に、その理由および対策法を書いて郵送する。

❺テーマ教育会議

テーマ教育とは、学年の全クラスが何か決められた同一課題（テーマ）のなかからサブテーマを選んで行う自由研究のことである。最近、中学一年生で行った「伝統と習慣」のテーマ教育では、クリスマス、夏至祭、ルシア祭、バレンタインデー、名前の日といったものの自由研究と発表を行った。具体的な時間割を述べると、一週間に二日、合計四時間のテーマ教育の時間が設けられている。一時間は生徒たちの希望により宿題のための勉強時間となっているが、残りの三時間は定められたテーマでの自由研究となっている。テーマによってその期間は異なるが、発表時間も含めて約六週間で一つのテーマ教育を終了するようにしている。このテーマを決定するのがテーマ教育会議である。

❻生徒ケア会議

何らかの理由によりこのままでは生徒の将来が案じられる場合（たとえば、何か犯罪に関係した生徒、麻薬を使用した生徒、欠席日数が多い生徒、中学教育を受けるにあたって十分な基礎知識を備えていない生徒など）、校長は生徒ケア会議を開いて現状の分析を行って、生徒にとってベストと思われる今後の具体策を検討する。生徒ケア会議には、校長をはじめとして心理カウンセラー(11)、養護教員(12)およびその生徒の指導担任が出席することになっている。理由によっては、生徒本人とその保護者に出席を求める場合もある。また、この会議に際して、生徒の指導担任は全教科担任と連絡をとり、生徒の授業中の態度や宿題、試験などの結果を詳しく調べておく必要がある。

❼学校会議

一学期に二度開催される学校会議は、学校問題を具体的に協議するPTA会議である。学校からは校長、副校長、それに各学年チームから選ばれた教員の代表が一名ずつ出席し、保護者側からは小学校（低、中、高学年）および中学校の保護者代表が数名出席をする。ちなみに、二〇〇四年二月に開催された学校会議では、校長から財政報告が行われ、現在の学校運営のままでは今年度末には約四三〇〇万クローネ（約六〇〇〇〇万円）の赤字となるため、学校運営についての見直し案が検討された。

❽教職員組合会議

スウェーデンには、幼稚園や小学校の先生を対象とした教職員組合（Lärarförbundet）と、中学、高校の教科担任を対象とした教職員組合（LR：Lärarnas Riksförbund）の二つがある。そして、各学校にはそれぞれの教職員組合の支部が置かれている。

両方の教職員組合の会議とも、コミューンの教育政策や学校の組織改革に対して組合の意見をまとめることが主な役目となっている。新しく校長を採用するときには、両方の教職員組合から支部長および副支部長の計四人が応募者の履歴書をチェックし、ペーパーチェックで残った候補者すべての面接を行う。そして、二つの教職員組合の意見をまとめて候補者を一人に絞り、コミューンの学校教育委員会に対して教職員組合の候補者として推薦をすることになっている。

イジメはあるか？

日本でスウェーデンの学校の話をすると、「スウェーデンにはイジメはないでしょう」という質問をよく受ける。上級生による下級生に対するイジメ、同級生における同性間や異性間のイジメ、教員による生徒へのイジメ、そしてその逆の生徒から教員に対するイジメ……程度の差こそ

(11)　心理カウンセラーは、思春期に入った生徒たちの人間関係での悩み、イジメ、不登校問題などの解決に力を貸し、道を踏み外しそうな生徒については絶えず社会援助委員会と連絡をとって生徒のケアにあたっている。心理カウンセラーの守秘義務は教員のものよりもはるかに厳しく、そのため、生徒の指導担任であっても問題点を知らされないことが多い。心理カウンセラーは生徒の心のケアにはなくてはならない人物であるが、学校教育法では雇用が義務づけされていないため、心理カウンセラーを置いていない学校も多い。

(12)　養護教員は、生徒たちの健康相談、身体測定、予防注射、ANT（アルコール、麻薬、タバコ）問題および性に関する相談にあたっている。学校では養護教員の雇用が義務づけられているが、最近では一校に一人ではなく、数校を掛け持っている場合が多い。養護教員になるには、看護婦の資格をもち、さらに一年間、小児および青少年健康問題を専門的に学んでいることが要求される。

あれ、スウェーデンでもイジメは学校内での最大の問題である。現に各学校では、「イジメ対策パンフレット」を作成したりして各家庭に配布をしている。ただ、どこの国でもそうであるように、イジメは教員の目の前では絶対に起こらないので見つけるのが難しい（三二ページも参照）。

以前、私が勤めていた学校で、上級生が下級生をいじめて裁判沙汰になったことがあった。ある生徒が上級生たちにいじめられているという噂が中学一年の学級担任の耳に入り、本人に尋ねたところ、彼は「自分はいじめられていない」と言い張ったために単なる噂にすぎないということでこのときは終わってしまった。その後も同じ生徒についてたびたび噂が広まったが、彼は断固として「自分はいじめられていない」と否定をするだけであった。

しかし、中学二年の春学期にイジメの実態が明らかになった。ある日、彼は怪我をして（つまり、怪我をさせられて）帰宅した。父親が理由を聞いても曖昧な答えしかしないので、不思議に思った父親がさらに問いただすと、中学一年のときからずっと数人の上級生にいじめられていたことをようやく話した。そして、すぐさまこのことは警察に報告され、裁判の結果、上級生たちには罰金の有罪判決が下った。この生徒は、イジメのことを報告すれば仕返しをされると思い、それが怖くてしゃべれなかったという。

このあと、春学期が終了するまでの間、学校内には異様な空気が流れた。上級生たちの間で、この生徒を殴った者には賞金を出すという噂が広まったからである。教員たちは、休憩時間に今まで以上に校内の見回りをすることになった。幸いにもこの生徒には何も起こらずに夏休みを迎えることができたが、中学一年生のときからいったいどんな気持ちで毎日学校に通ってきていたのだろうかと考えると心が痛む。そして、私たち教員が気付かなかったことを今は反省している。

　同級生における男子同士のイジメは、授業中の雰囲気から伝わってくる。ときには、休憩時間や放課後に喧嘩となって殴り合いにまでなることもある。しかし、彼らの場合は、それでうみが出てしまって収まることが多い。逆に、女子生徒たちの場合は、暴力行為に走ることはまずないものの、口をきかない、グループに入れない、食堂で同じテーブルに座らせない、といった精神的なイジメが長期間にわたって続くことが多い。そのような場合には、心理カウンセラーが問題となっているクラスの女子生徒グループに対してカウンセリングを行って問題解決に努めている。

　次に、生徒が教員をいじめた例を述べておこう。以前、私と同じ理科系の教員に、若くて美人の女性がいた。彼女が大きな声で生徒たちに対して注意をしているのを聞いたことがないほど優しい教員であった。しかし、それがあだとなった。

　彼女が受け持っていた理科のクラスは気の強い個人主義者の生徒が多く、このクラスでの授業は決して楽なものではなかった。ある日、彼女がオーバーヘッドプロジェクターを使って説明するためにブラインドを下ろして教室の明かりを消した途端に、彼女に向かってトマトが投げられた。すぐさま、彼女は校長に連絡をとり、校長が教室にやって来て誰の仕業《しわざ》であるかを追及したが、生徒たちは知らないの一点張りで、結局うやむやになってしまった。クラスの誰かがやったことはまちがいないが、だからといってクラス全体を罰する「連帯罰」は禁止されているからだ

（コラム参照）。

生徒たちは、誰がやったのかを知っていても決して告げ口をすることはない。そのため、この事件のように学校内での出来事がうやむやに終わってしまうことがあまりにも多い。

この女性教員の場合、彼女の優しさにつけ込んで、以前からも彼女を馬鹿にしたようなコメントが授業中に発せられていたことを後になって聞いた。彼女としては、そのような出来事を同僚たちに話すことは、自ら教員失格者だと認めることになるのでは、と考えていたのかもしれない。

連帯罰（kollektiv bestraffning）の禁止

学校における連帯罰の禁止は、1972年、法務オムブズマン（ＪＯ：Justitieombudsmannen）により制定された。連帯罰を実施すると、出来事や事件とはまったく関係のない生徒たちまでもが罰を受けることになるからである。ＪＯは４人の国会議員からなり、公的機関が法律を遵守しているかに目を光らせている。過去の連帯罰の例としては次のようなものがある。

- 数人の生徒たちが風船に水を入れ、それらをほかの生徒たちに投げつける、いわゆる「水戦争」をしたため、廊下にある生徒用トイレの使用を禁止した。
- 学校によっては生徒用のカフェテリアがあるが、数人の生徒がゴミを散乱させたためにカフェテリアを閉鎖した。
- 授業中に教科書が１冊紛失したため、クラス全員が放課後に居残りを命じられた。
- ある生徒がコンピューター室のマウスを潰したため、コンピューター室を閉鎖し、その日１日、コンピューターの使用を禁止した。

三者面談は教員最大のプレッシャー

中学二年、三年では毎学期末に成績表がわたされるので、生徒も保護者たちも、学校の成績基準に対してどの程度の知識を習得したかを「優」、「良」、「可」という評価において知ることができる。また、成績表がない小学生や中学校一年生にも、自分の進歩の具合を評価してもらえる機会はある。それが一学期に一度ある三者面談であり、これは学習指導要領において義務づけられている（五六ページの「成績会議」も参照）。

私の学校では、三者面談を毎学期の中間時に行っている。以前、三者面談は「一五分懇談」と呼ばれ、教科担任から前もって集められた全科目の成績を生徒と保護者に一五分間で伝えるもので、「懇談」というよりは学期中間時点での成績の「伝達」にすぎなかった。つまり、一人当たり一五分ではとても懇談などをしている余裕がなかったわけである。

それが、一九九四年度の学習指導要領から三者面談の名前が「進歩発展懇談」へと変わり、生徒の成績のみにとらわれず、授業中の積極性や勉強法などでどのように進歩および発展したか、またさらに進歩発展をするためにはどこをどうすればよいかなどを指導し、相談に乗るようになった。時間的には一人当たり三〇分ぐらいを想定して懇談の時間割を組むようになったので多少余裕ができたが、生徒によってはその範囲内で話が終わらない場合もあり、それがゆえに懇談の時間が順にずれることもよくある。

私が今の中学校に赴任してきたとき、中学二年生の指導担任となった。このクラスには、おとなしくて非常に優秀な生徒も何人かいたが、学校のすべてに対して批判的で、教員に対しても声を荒げて挑発的な態度をとる女子生徒が数人いた。そのうえ、授業を妨げる男子生徒が数人いたこともあって、「調和のとれたクラス」という表現からは遠くかけ離れたクラスであった。

このクラスが中学一年のときに担任であった前任者は、生徒たちとうまくいかず、春学期の終わりに担任としての自分に対する信任投票をさせた。その結果、不信任票が多数を占め、この学校を去ることになった。これまで私は、教員に対する信任投票なんて聞いたことがない。このような極端な方法をとった前任者にしても、彼なりにクラスをまとめようと努力をしただろうし、もちろんクラスのことでいろいろと悩んだと思われる。

このように、「問題児」と呼ばれる生徒の多いクラスでの三者面談の場合は、ゆうに一時間を超えることがしばしばであった。そのうちの一人の生徒の場合は一度で終わらず、日を改めて行って合計三時間を費やした。彼の成績はまずまずであったが、集中力に欠け、授業中もおとなしくしているのは一五分ほどで（授業時間は四〇分）、その後は周囲に話しかけたり、教室内を歩き回ったりして他人の邪魔をするため、教員側からだけでなく生徒のほうからもクレームが出ていた。さらに、このことを三者面談の際に母親が注意をするため、彼も逆上して机や椅子を蹴ったり大声で母親を罵倒したりで、このときは親子喧嘩の仲裁役までをすることになってしまった。

三者面談を行うことによって、表面的にではあるが家庭内の様子を垣間見ることができるわけだが、やはり私としては、生徒と保護者が和気あいあいで見るからに楽しそうで、和やかに三者面談を終えられるのがいちばん嬉しい。夫婦の離婚話などを聞かされたときは、それがもたらす生徒への精神的なショックを考えて、つい生徒に同情したくもなる。

三者面談の時期は各学年チーム会議で決定するわけだが、各教科担任が生徒の知識や授業における何らかの人間的、社会的な「進歩発展」の状況を生徒自身や保護者に語ることが多いため、試験や宿題テスト、グループレポートや実験レポートといった何らかの資料となるものがやはり必要となる。そのため、三者面談の時期は各学年とも学期半ばに集中することになる。

各学年では、二週間ずつの三者面談を計画する。各指導担任は自分の空き時間を調べ、自分が指導する生徒たち全員との面談を二週間に分けて計画し、生徒や保護者に面談時間を連絡する。教科担任は、その前に各学年で受け持っている生徒たちへの批評を一定の用紙に書き込まなければならないため、この時期は非常に忙しいものになる。

私の場合、各学年で一クラス（三〇人）ずつ数学と理科系科目を受け持っているので、中学一年生、二年生ともにそれぞれ六〇人分の批評を書かなければならないし、そのうえ三年生では、理科系科目が生物学、化学、物理学と独立するため、批評を書く枚数も一挙に一二〇人分（数学、生物学、化学、物理学、各三〇人）となる。

当然のことながら、これだけの人数分の批評はとても一日や二日では書けない。早くから準備しておかないとひどい目に遭うこととなり、批評を書くために、土曜、日曜も出勤ということになってしまう。それでも、一人で全中学生の約三六〇人を受け持つ音楽や美術の教員に比べれば楽ではあるが、生徒一人ひとりを頭に浮かべながら、出席や遅刻の状況、授業における積極性、グループ活動や実験における協調性、試験や宿題テストの結果など、幅広い内容にわたって批評を書いていくのは大変な作業となる。すべてを書き終え、自分が指導する生徒たち全員との面談を終えたとき、開放された気分になるのは絶対に私だけではないはずだ。

参観日

スウェーデンの小・中学校にも参観日がある。学校によっては、土曜日に月曜日の授業を通常の半分の時間となる二〇分単位で行って参観日とするところもあるし（月曜は代休となる）、週日の一日を参観日とするところもある。小学校での参観日では教室が保護者でいっぱいになることもあるが、中学校となると一〇人にも満たないことが多い。中学生たちによると、「友達の両親は来てもよいが、自分の両親が来るのは格好が悪い」ので、両親に対して「参観日には来るな」と言っているらしい。

この参観日の授業で、学校の自然な姿を見てもらうことは難しい。普段は授業中によく雑談をして教員に注意される生徒もこの日ばかりは静かにしているし、教員としても、親の前で子どもに恥をかかせるのは可哀想だと思い、捻った質問もできるだけ避けるようにしているからである。それに、二〇分授業では授業を始めたかと思うとすぐに終わってしまい、教員からすると、授業というよりは保護者への顔見世興業といった感じである。

私の勤める学校では[13]、最近、一日だけの参観日ではなく「参観週」を設けている。これは、保護者に仕事の合間を見て気軽に足を運んでもらって、学校のより自然な姿を見てもらいたいという考え方に基づいている。ちなみに、参観日や参観週の昼食時間には、保護者も学校食堂で生徒たちと同じものを食べてもらっている。

クラス保護者会（PTA）

学級担任は、毎学期、少なくとも一度はクラス保護者会を開いている。ここではクラスの現状を説明し、問題があればその解決法を検討する。また、その学期に予定されている学校行事を説

(13)　スウェーデンでは、高校を卒業すると男女とも経済的自立が当たり前となっているため、産休中の女性を除けば、いわゆる家庭の主婦という母親はまず皆無である。これは、自分の給料から支払った税金額によって将来の老齢年金の額が変わることにもよる。

明したり、クラス旅行のための貯金活動（一五四ページを参照）を話し合ったり、学校に対する保護者の意見や苦情を聞く機会となっている。また例外的に、生徒たちがテーマ教育の成果をこのクラス保護者会で発表することもある。

「問題」と言えば、次のようなことがあった。ヴァクサラ中学校には体育室はあっても体育館がないため、屋内でする体育の授業では消防署やコミューンの体育館を利用しており、そこへの往復は公営バスを使っている。このとき、生徒によってはわざと（?）バスに乗り遅れ、体育の授業やその次の授業に遅刻をしたり、さぼったりする者が続出したことがあった。クラス保護者会でこのことが取り上げられ、その結果、体育およびその次の授業の出欠や遅刻をほかの授業以上に厳しくチェックすることになり、遅刻などがあった場合は指導担任がその日のうちに家庭に連絡することになった（九〇ページも参照）。

また別のケースでは、男子生徒と女子生徒がいがみあって言い争いが絶えなかったクラスについて、学級担任は問題解決のために緊急のクラス保護者会を開いてこれについて協議をした。その結果、その後二週間にわたり、毎日二人の保護者がクラスの授業を当番制で参観することになった。この策が功を奏したのか、クラスの環境は以前に比べてはるかに良くなった。

前ページの注の（13）でも述べたように、スウェーデンでは産休中の女性や失業中の女性を除けば専業主婦は皆無に等しく、ほぼ全員が働いているため、クラス保護者会などの集まりは大抵午後七時から開催される。出席率はよく、夫婦で出席する家庭も珍しくない。私が受け持つクラスの保護者会では、いつも生徒たちがカステラやケーキなどをつくり、コーヒーや紅茶とセットにして出席した保護者たちに売っている。これも、クラス旅行の費用を捻出するための一策である。

同じクラス保護者会でも、中学一年の最初の保護者会は非常に緊張する。クラスの生徒三〇人の顔と名前は何とか覚えたものの、生徒一人ひとりの性格や友人関係、学校での勉強態度などはまだ把握できていないし、どのような意見をもった保護者が集まるのかがまったくわからないからである。それに、何といってもスウェーデン人には能弁家が多く、自分の意見を堂々と述べる人が多い。これは、自分の意見を人前で発表して、他人の意見を批判的に聞くことを小さいころから学校教育において学んでいるからだろう。しかしそれだけに、日本人の私としては心の準備が必要となる。

公立学校に見られる甘さ？

最近、スウェーデンの小・中学校において増えてきたのが「自由学校」である。これらは、公立の小・中学校に何らかの不満をもつ親たちが運営するもの、キリスト教派が運営するもの、スウェーデンに住む多くの外国人移住者が自己の宗教色を取り入れて運営する自由学校であったりする。

もちろん、自由学校とはいっても、教育活動は国の学習指導要領に従わなければならない。公立の小・中学校同様、その費用は全額、国やコミューンからの助成金によって運営され、教育費や給食費も無料である。義務教育では、生徒たちは教科書を買うこともなければノートを買うこともない（使い終わるたびに新しいノートを無料で配布する）。趣旨的には日本の私立の小・中学校に似ているともいえるが、受験がまったくないこと、教育費や給食費が一切無料という点で大きく異なっている。

では、なぜ子どもの教育に自由学校を選択する保護者が増えてきたのか？　自由学校に関するテレビの討論番組やレポート番組を聞いていると、公立の小・中学校に対する不満が浮き彫りにされてくる。公立の小・中学校では、生徒数が多すぎてすべての生徒に目が届かない、また一クラスの生徒数も多すぎる、学校に厳しさがないなどの批判が述べられている。一方、自由学校では、生徒たちの保護者が積極的に学校運営に参加することによって、保護者の意見が学校の活動に大きく反映されるという利点がある。また、経費節約のために学校の引っ越しや壁の塗り替え、大掃除なども保護者が行い、それがゆえに学校側とのコミュニケーションも増え、理想とする学校形態に近づけやすいということがあるようだ。

とくに、外国人保護者たちは、スウェーデンの学校の「甘さ」をよく指摘する。生徒たちが学校内で問題を起こしても、生徒に注意をして、保護者へ連絡するだけで終わってしまうケースが多いからである。学校に罰則規定がないために、生徒たちが好き勝手なことをするようになるというのである。もちろん、生徒に対して体罰を加えることは法律で禁止されており、小・中学校の基礎教育においては、たとえトラブルがあっても登校停止処分を科すことはできない。また、教員が生徒に体罰を加えた場合、マスメディアが大々的に取り上げることになり、その教員は失職するのが常となっている。「愛のムチ」というような表現は、スウェーデンではまったく通用しないのだ。

生徒を校則で縛り付けることは私も反対であるが、学校も社会の一部であり、学校内においても教員と生徒たちが同意できる何らかの「罰」があって然るべきだと私は思っている。現在、私の学校にある唯一の「罰則」は放課後の四〇分間の居残りである。生徒が授業をさぼった場合には直ちに居残りの対象となるが、そのほかの場合には次のような規則を設け、生徒が一ヵ月間に規則を三度破った場合にかぎって居残りをさせることにしている（翌月へは持ち越さない甘い罰則）。どの規則もすべて当たり前のことばかりなのだが、それでも毎週、中学一年生だけでも一〇人近くが居残りとなる。

- 授業時間を守ること。
- 授業に必要なものを持参すること。
- 授業の邪魔をしないこと。
- 雪合戦をしないこと。

- 外套は教室内に持ち込まないこと。
- 室内では野球帽や毛糸帽を脱ぐこと。
- 学校環境を守ること（ゴミを散らかさない／落書きをしない）
- 学校滞在中は、禁煙、禁スヌース（一九一ページを参照）を守ること。
- 携帯電話は休憩時間のみの使用、食堂および図書室では全面使用禁止。
- 校内では、自転車、スケートボードなどの車輪の付いた乗り物の使用を禁止。
- 授業中、菓子類を食べたりチューインガムを噛むことを禁止。

私がもらった脅迫状

二〇年間の教員生活のなかで、一度だけ脅迫状をもらったことがある。それは、私がウプサラ郊外のビヨルクリンゲ中学校（Björklinge Högstadium）、（現在はビヨルクヴァルス中学校［Björkvallsskolan］に変更）に勤務しているときであった。この学校で、生徒に対する躾の意味から、遅刻、宿題の忘れ、授業を妨げるような私語などに対して「注意警告」を発し、これが三回たまると、放課後に一授業時間、つまり四〇分の居残りをさせていた。この学校では九〇パーセント以上の生徒がスクールバスで通学しており、居残りとなるとバス代を個人で払って帰宅しなければならなくなる。もちろん、その場合には、数日前に保護者に対してその理由を明記して郵送をすることにしていた。

私が担任をしていたクラスは、国語（スウェーデン語）、数学、英語の基礎科目の授業についていけない生徒たちで構成されているクラスで、数学の試験の採点をするのが教員として非常に悲しくなるクラスであった。また、このようなクラスであるだけに、教科担任一人で三〇人の生徒すべての手助けをすることは到底無理であり、毎時間、教科担任と特別支援教員の二人が生徒たちに対して練習問題などの手助けを行っていた。これは、特別支援教員の支援時間を最大限に活用する意味においても有意義な方法であった（次ページのコラム参照）。

春学期の放課後、職員室の横にある私への連絡ボックスを開けると一枚の紙切れが入っていた。文字からすれば女子生徒が書いたと思われる脅迫状であった。それには、居残り制度に対する不満と、「それを止めなければ、私が再び学校に来れなくするぞ」という脅し文句が書かれてあった。

脅迫状が舞い込んだ日は職員会議の日で、私はその席上で脅迫状のことを話し、紙を同僚たちに見せた。生徒の作文や論文を日頃より読んでいる同僚のなかに、ひょっとすると脅迫状の筆跡に見覚えのある人がいるかも知れないと思ったからである。しかし、誰もその筆跡には見覚えがなく、結局、この話もこの場かぎりで終わってしまった。

学校で決められた規則は全員が守ってこそ意味があるわけだが、教員によっては生徒たちの文句や抗議が苦痛で、見ても見ぬ振りをしたり、居残りの生徒の面倒をみるのが億劫なために、警告は発するものの居残りをまったくさせない教員が多くいる。そのため、居残りをさせる私に「ラブレター」が舞い込んだものと思われる。もちろん、その後も学校には無事に行っている。

次に挙げるようなイタズラ（？）にも遭っている。毎年、新学年が始まると、各学校では各クラスや教職員の写真を撮って学校アルバムを作成している。この日、私が中学二年の数学の授業を行っていると、中学三年の女子生徒四人がドアをノックして教室に入ってきた。彼女らは生徒会執行部の役員たちであり、私の教え子でもあった。

彼女らは、「これから生徒会執行部の写真を撮るので、一緒に写真に入って欲しい」と言う。写真に入るくらいならＯＫと考え、教室を離れて撮影場所となっている学校の図書館に向かった。立つ位置が決まると、女生徒たちは私に「上半身、裸になって

特別支援教育と特別支援教員

「特殊教育」が養護学校や養護学級といった特別な場で行われる教育であるのに対し、「特別支援教育」では基礎科目に焦点をあわせ、クラスのなかで何らかの学習障害（読字不能者が多い）をもち、授業についていくことが困難な生徒たちを対象として、特別支援教員がクラス授業とは別の教室に生徒たちを集め、一人ひとりのニーズにあった支援教育を行っている。しかし、この一般的な特別支援教育では一度に少人数の生徒しかサポートできないため、ビヨルクリンゲ中学校では基礎科目についていくのが困難な生徒たちばかりを集めたクラスをつくり、基礎科目の授業すべてに特別支援教員を配置して、教科担任と２人で１クラス30人の授業を行った。

欲しい」と言う。「えっ!?」、まさか教員が上半身裸で学校のアルバムに写るのはマズイ。いくら生徒たちの頼みとはいえ、これは無理だ。ちょうど、図書館に手伝いに来ていた生徒の母親がいたので、私は彼女からの「ノー」と言う答えを期待しながら「教員が学校のアルバムに裸で写ってもよいのか?」と尋ねた。彼女は私の期待に反して「構わない、構わない」と答えたため、私は逃げることもできなくなって裸で写る羽目になってしまった。

数週間後の放課後、ウプサラに帰るべく通勤電車に乗っていると、知り合いである隣の学校の女性教員が私のところにやって来た。彼女は開口一番、「ミキオ、あなたの裸の写真を見たわ。私の学校で評判よ」と言った。私は、彼女が何を言っているのかさっぱりわからなかった。そのあとに彼女の説明を聞いたとき、私の顔は

女子生徒たちあこがれの（?）日本人

きっと真っ赤になっていたと思う。

会ったその日に彼女のもとに学校アルバムが届き、生徒たち全員に配布されたという。これまでは学校ごとにアルバムをつくって配布をしていたのだが、この年からソッレンチューナ・コミューン全体の中学校のアルバムをつくるということを私はまったく知らなかったのだ。当時、ソッレンチューナには中学校が五校あり、生徒、教職員などを合わせると、少なくとも二五〇〇人はいた。そして、生徒や教職員たちの家族も合わせると……一万人を超える人々に私の美体(?)を紹介することになってしまったのだ。

第3章

さて授業

学校教育法と義務教育における学習指導要領（一九九四年度）

学校における教育活動は、学校教育法(1)に則って行われる。学校教育法第一章第二項に、学校教育の目的が明示されているので紹介しよう。

「学校教育においては、生徒たちに理論的知識および実用的技術を習得させると同時に、家庭との協力により、生徒たちが責任感ある人間および社会人へと調和のとれた発展をするように奨励しなければならない。学校教育においては、特別な助力を必要とする生徒たちに配慮をしなければならない。学校教育活動は民主主義の価値観に基づいて形成されなければならず、学校内で行動する全員が、各人、人間としての価値や共通した環境を尊重するように奨励しなければならない」

一九九四年に制定された義務教育における学習指導要領(2)では、一九八〇年度のものに比べて次の二点が強調されている。

❶学校は、スウェーデン社会がもつ価値観を尊重するよう、生徒たちを積極的かつ意識的に感化し、啓蒙しなければならない。ここにいう「スウェーデン社会がもつ価値観」とは、人間の尊厳や個人がもつ自由の不可侵、すべての人間の平等、女性と男性の対等、弱者や抑圧された

人々との連帯を意味し、これらの価値観は、学校教育を通して形成、啓蒙されなければならない課題である。

❷スウェーデン社会の国際化やますます増大する国境を越えた往来は、国民に、多様性文化のなかで生活ができ、またその価値を見いだすことができる能力を求めている。

要約すれば、これらの二点はスウェーデンのもつ民主主義、人道主義を、流動する国際社会のなかで実践できる国際的な視野をもった人間の育成を課題としている。学校教育に携わる者すべては、国で定められた学校教育法、学習指導要領に従わなければならないのが当然である。また、各コミューンにおいては、学校教育法および学習指導要領にさえ従えば地域の特色を生かした学校教育を行うことが可能となり、コミューンの教育方針が学校に配布されることになる。ちなみ

（1）一九八五年に改定された現在の学校教育法は学校教育に関する基本法で、学校教育の目的、青少年の教育を受ける権利や義務、基礎教育および高校教育、学校保健衛生についての基本方針を定めたものである。

（2）国会により制定された法律を補足するため、内閣は多くの政令を出す。学校教育法を補足するもっとも重要な政令は学校令であり、これは教育機関、各種会議、学校管理職や教員の資格および責任などを詳しく定めている。また学校令では、学校や教職員の活動方向を社会が決定する学習指導要領の配布が定められている。この学習指導要領は、学校教育局により作製される。学習指導要領には、教育の目標および方向性、各教科科目の目標および時間計画が示されている。

に、ウプサラのコミューン議会で制定された教育方針は以下のようになっている。

- 学校活動のすべては生徒たちを中心として行うこと。
- 生徒個人の知識探求、創造力、人間成長が鼓舞されること。
- 基礎教育終了時には、すべての生徒が読み、書き、計算ができ、全科目「可」の評価に達していること。
- 学校組織は、生徒たちの学習を支援すること。
- 生徒たちは、自分の学習、ほかの生徒、学校環境に対して責任をもつこと。
- 生徒や職員たちは、優良かつ人間成長が可能な学習環境および労働環境を有すること。
- 学校の授業方法や授業の進め方は、生徒自らが積極的に授業に参加できるようなものであること。
- どの生徒も、イジメや人種差別、いやがらせに遭わないこと。
- 学校は、生徒が文化に接する必要性や、自らの文化創造の必要性に留意すること。
- 学校は、近隣社会にある幅広い文化活動をうまく活用し、発展させること。
- 学校は男女平等の促進を図ること。
- 各種学校機関は、学習および職業進路に関して協力しあうこと。
- 生徒や職員たちは、麻薬のない環境に積極的に寄与すること。
- 学校は、生徒たちに生涯学習の重要さを教えること。

●学校はアジェンダ21の意図に沿い、コミューンが制定した環境目標に沿うこと。

教科科目

今、紹介した教育方針のもとにウプサラにおいては学校教育が行われているわけだが、次に、どういう科目をどのように教えているのかということについて具体的に説明していきたい。

まず、私の学校における教科科目と授業時間数を紹介することにしよう。必須科目は同じであっても、授業時間数や選択科目は学校によって多少の違いがあることを断っておく。というのは、各必須科目の授業時間数には中学三年間で満たさなければならない最低授業時間数があるわけだが、それさえ満たせば残りの時間はテーマ教育や読書といった各学校の特色を生かした授業をしてもよいことになっているからである。

私が教える理科系科目は、それぞれが独立科目である化学、生物学、物理学および技術の四科目からなっている。最低授業時間数さえ満たせば、必須科目の必須分野をどの学年でどの順序に勉強するかは各学校の自由である。学校によっては、化学の授業を中学一年ではまったく行わない学校もある。これは、内容が中学一年生にはあまりにも難しすぎるという配慮からである。

私の学校では、技術の勉強をすべて中学二年のときに集中的に行っている。そのため、中学二年の春学期の技術の成績が卒業成績となる。中学二年の秋学期に初めて成績表をもらう「成績慣

表2　中学校教科科目および授業時間数

中学1年	中学2年	中学3年
国語(スウェーデン語) 140	国語(スウェーデン語) 160	国語(スウェーデン語) 140
英語 120	英語 100	英語 100
選択外国語（ドイツ語、フランス語、スペイン語） 160	選択外国語（ドイツ語、フランス語、スペイン語） 160	選択外国語（ドイツ語、フランス語、スペイン語） 160
社会科（社会学、地理、歴史、宗教）120	社会科（社会学、地理、歴史、宗教）140	社会科（社会学、地理、歴史、宗教）140
数学 160	数学 160	数学 160
理科（生物、化学、物理） 130(技術なし)	理科（生物、化学、技術） 140(物理なし)	理科（生物、化学、物理） 90(技術なし)
美術 60	美術 60	美術 60
体育 40	体育 60	体育 60
音楽 40	音楽 30	音楽 40
工芸(木工、裁縫) 80	工芸(木工、裁縫) 80	工芸(木工、裁縫) 80
家庭科なし	家庭科 60	家庭科 40
テーマ教育 100	テーマ教育 100	テーマ教育 100
読書 60	読書 60	読書 60

（注）教科科目の後の数字は、一週間あたりの授業時間数（分）。

（上記の表は、一般クラスの教科科目と授業時間数である。クラス全員がアイスホッケーかダンスをテーマとして選択しているテーマクラス（第6章を参照）においては、学校のテーマ教育、体育および読書時間数がほかのクラスに比べて少なくなっている。）

れ」をしていない生徒たちには、春学期の成績が卒業成績になるということを聞かされてももう一つピンと来ないようである。そして、中学二年の春学期に努力をしなかったために技術の成績が「可」に達しなかった生徒は、中学三年になってから「しまった」と思っても遅いということになる。つまり、中学三年のときには技術の科目自体がないわけだから、今さらどうしようもないのである。

時間割

ヴァクサラ中学校三年A組を例に挙げて、授業の時間割表について簡単に説明しておこう。ヴァクサラ中学校は、ウプサラ・コミューンにある公立中学校の一校であるが、それぞれ始業時刻は学校によって異なっている。午前八時始業というところもあるが、私の学校では午前八時半に一時間目が始まり、午後三時半に最終授業が終わることになっている。授業は四〇分を一授業時間単位とし、授業と授業との間に五分間の休憩時間がある。休憩時間とはいっても五分間では、自分のロッカーに行って、今済んだばかりの授業の教科書やノートを入れて次の授業の教科書やノートを取り出して授業が行われる教室に行くだけで精いっぱいである。

また最近では、私の学校では四〇分授業よりも六〇分授業を組むことが多くなってきた。その理由は、四〇分授業に比べて当然、時間内に組める授業数が少なくなり、教室、教員の配分などが楽になるからでもある。しかし、弊害もある。以前なら何時間目の授業といえば誰にでもすぐに理解のできたわけだが、このシステムにより授業の長さが異なるため、何時間目というような表現が使えなくなってきた。

それでは、**表3**を参照しながら一週間を追ってみよう。

月曜日——九時五〇分から体育の授業があるが、私の学校には体育館がない。そのため、生徒たちは理科の授業のあと、コミューンの体育館や消防署の体育館、大学の競技場などに公営バスで移動し、授業が済めばまたそのバスで学校に戻らなければならない。

一一時四五分からの「国語／英語」という授業は、小学校六年生から義務づけられている選択外国語（ドイツ語、フランス語またはスペイン語）の授業に付いていけない生徒たちに補習をするために設けられた授業である。ここで、一つ問題が起こってくる。それは、各クラスにおいて選択外国語の補習を行わなければならない生徒はごく少数であり、その彼らがこの授業を受けている間は、ほかの大部分の生徒たちにとっては授業のない時間、つまり「空き時間」となってしまう（三九ページの注を参照）。もちろん、この時間に正規の選択外国語の授業を同時に組むことができれば問題はないわけだが、選択外国語の授業は各学年の四クラスの生徒たちをまとめて行うため、他のクラスの時間割との調整が難しい。しかも、ドイツ語、フランス語、スペイン語の教員たちも中学三年生だけを教えているわけではないので、より困難なものとなる。各教科を

表3　ヴァクサラ中学3年A組の時間割表

（2003／2004年度）

月	火	水	木	金
08.30 理科 ～09.30	08.30 読書	09.20 美術（秋）グループ1（春）グループ2 ～11.20	08.30 読書	08.30 国語（秋）読書（春）英語（春） ～09.50
09.50 体育 ～10.50	08.50 テーマ教育 ～09.50	09.35 音楽（秋）グループ2（春）グループ1 ～10.55	08.50 数学 ～09.50	09.55 選択外国語 ～10.55
10.55 体育後の移動および 11.15 昼食	10.10 社会科 ～11.10	11.20 昼食	10.10 理科 ～11.20	10.55 昼食
11.45 国語／英語 ～12.45	11.15 英語 ～11.55	11.45 テーマ教育 ～12.25	11.20 昼食	11.45 ホームルーム1／ホームルーム2 ～12.25
12.50 数学 ～13.50	11.55 昼食	13.10 選択外国語 ～13.50	11.45 家庭科（秋）グループ1（春）グループ2／12.05 理科（秋）グループ2（春）グループ1 ～13.25	12.30 木工／12.30 裁縫 ～13.50
14.10 読書（秋）英語（秋）国語（春） ～15.30	12.30 数学 ～13.10	14.10 社会科 ～15.30	13.50 国語	14.10 体育 ～14.50
	13.20 国語／英語 ～14.20		14.50 国語／英語 ～15.30	
	14.30 選択外国語 ～15.30			

（注）　（秋）は秋学期、（春）は春学期を表す。

うまく組み合わせて空き時間を少なくし、効率のよい時間割表をいかに作成するかは、その担当者である副校長の手腕にかかっている。

では、この空き時間に生徒たちはいったい何をしているのか。学校図書館で宿題をしたり、本を読んだりしている生徒たちもいないことはないが、大抵の生徒たちは「学校おばちゃん」（三八ページを参照）がいる生徒の休憩室でポピュラー音楽を聴きながらゲームやトランプをしたり、街のショッピングセンターに出掛けたりしている。家が学校の近くにある生徒は、一時帰宅をする場合もある。

火曜日——この日は、二〇分間の読書をしてから授業が始まる。この読書時間は、国語（スウェーデン語）教員たちが、コンピューター時代に生きる生徒たちに読書の習慣をつけさせると同時に、どの科目においても基本となる読解力を高める必要性を教員会議で説き、各教科が数分間の授業時間を提供することに同意して実現した時間である。ほかの授業では生徒が遅刻をしてきても教室に入ることが許されているが、この時間だけは教室内に静寂が要求されるため、遅刻をしてきた生徒は廊下にある長椅子で読書をすることになる。次の「テーマ教育」については後述する（一一五〜一一八ページ）のでそちらを参照してください。

この日の午後も、選択外国語のある生徒たちにとっては無駄な空き時間がある。それに対し、「国語／英語」の授業を受ける生徒たちにとっては時間割の効率がよく、午後二時二〇分にはこの日の最終授業を終える。

水曜日——この日のように、授業が学校の始業時刻よりも遅く始まる日は「朝寝の時間（Sovmorgon）」と呼ばれ、生徒たちには人気のある一日だ。中学三年では、美術および音楽の授業を二人の指導担任ごとに分けたグループ授業で行っている。指導担任グループ1は秋学期には美術を、そして指導担任グループ2は音楽を勉強する。そして、春学期には科目をチェンジしている。

木曜日——この日も、秋学期と春学期で科目が交替するグループ授業がある。家庭科と理科の授業である。

私の中学校には家庭科教室がないため、生徒たちは同じ校区にある小学校の家庭科教室まで出向かなければならない。しかし、二五分間の昼休みの間に昼食をとって、しかも小学校での家庭科の授業に間に合うことは時間的に無理なため、生徒たちは家庭科の授業で必ず簡単な料理をつくって、それをこの日の昼食としている。

一二時五分から行われる理科のグループ授業は実験に適した時間であるが、このような時間割では、理科教員にとっては頭の痛い問題も生じる。年間を通じてみれば理科の授業時間数はほぼ同じにはなるわけだからいいように思えるが、月曜日と木曜日の午前中に合同で行っている理科の授業の際に、一方のグループしか行っていない実験の内容について触れたり討論のテーマとして取り入れることができないということになる。つまり、半分の生徒は実験をまだせずに家庭科の授業を受けているのだ。これが理由で、グループ授業と合同で行うクラス授業の間に何ら関連性のない分野の学習になってしまう恐れが生じる。

金曜日――三年A組ではこの日にホームルームがあるが、これはクラスによって異なっている。ホームルームは、原則として指導担任グループごとに別々の教室で行っている。

「工芸」の授業というのは、中学一年のときにすべての生徒が木工か裁縫を選んで、三年間通して行うものである。男子が「木工」、女子が「裁縫」を選択すると思われるかもしれないが、必ずしもそうではない。クラスによっては、男子生徒の半数が裁縫を選び、見事にセーターを編んだりミシンや織機を上手に操り、女子生徒が材木を使って椅子や木のボウルをつくったりしており、科目に対する性的な偏りは見られなくなってきた。

このクラスの時間割で問題なのは、金曜日の最終授業である「体育」だと私は思っている。つまり、春学期になれば体育をサボって帰宅する生徒が多くなるのではないかという危惧である。これは不文律であるが、成績表に成績がつくためにはその科目の出席率が五〇パーセントを超えておればよい。となると、秋学期と春学期の前半でそれをクリアした生徒たちは、春学期も半ばを過ぎてくると筆記試験のない科目（とくに金曜日の午後）の授業からは「蒸発する」ことがよくあるからである。

このような時間割で、私の学校の中学三年生は一週間を送っているわけである。それでは次節から、主要科目を実際にどのように教えているのかを述べていくことにする。

初めての性教育

中学二年の生物学では、人体全般について学ぶことになる。秋学期には、各器官の構造および機能を、そして春学期には性教育を行っている。最近では、日本の中学校でも保健体育などの時間に性教育を行っているようであるが、私が中学生のころには日本では性教育は行われていなかった。それだけに、思春期に入って異性に興味をもち始めたスウェーデンの中学生にどう教えればよいのか、当初、私は困ってしまった。

内容は、生物の教科書やそれを発行している出版社から出ている教員指導書や事典で調べれば何とかなる。しかし、性ホルモンの分泌活動により精神的、肉体的に変化が起こる「思春期」のことをどのように取り上げたら授業を楽しく進めることができるのか、まったく良いアイデアが浮かばなかった。

私は先輩教員に相談し、彼がどのようにして「思春期」の授業に入り込むのかを尋ねた。彼はまず生徒たちに、小学校五年のときの男女と、中学校二年の男女を精神的、肉体的な面で比較させ、それらを黒板（現在はすべてホワイトボード）に書きだし、そこから「思春期」の話に入ると教えてくれた。私は生徒たちを四～五人ずつの男子グループと女子グループに分け、先輩に教えられた通り、小学校五年のときの男女と、中学校二年の男女を精神面、肉体面からグループ内で討論させ、それをグループごとにまとめさせた。

グループ内の討論ではあちこちから笑い声が聞こえ、みんな生き生きとしていた。用紙を集めて私がそれらを読み上げると、また大笑い。まさか、生徒たちが書いたスラングな表現をそのまま使って黒板に書くことはできないので、「正式な」スウェーデン用語を使って書いてゆくことによって自然な形で「思春期」に入り込むことができた。それ以来、性教育を始めるときはいつもこのやり方で始めている。私は、この先輩教員には今も感謝している。

今でこそ、性教育もほかの生物の授業と同じような感覚でできるようにはなったが、性用語を口にし、性器をオーバーヘッドプロジェクター写真で図解し、避妊具を手にして使用法を説明するのは（日本語で言うのとは違って気は楽ではあるが）正直にいって最初の年は恥ずかしかった。きっと、額に冷や汗を浮かべていたと思う。

ちなみに、スウェーデンの中学校で取り上げている性教育の内容は、以下の一七項目となっている。ただ、ここに挙げる授業計画は私がつくったものであり、教員によって多少異なることを断っておく。

❶性教育を始める前の基礎知識テスト――生徒たちは小学校五年生あるいは六年生で何らかの性

教育を受けているが、その内容や程度がクラスによって異なるため、プリントを配って基礎知識を調べる。

❷**小学校時代と比較した男女の精神的、肉体的変化（グループ討論）**――前ページを参照。

❸**脳下垂体、睾丸、卵巣、性ホルモンの働き**――思春期への変化は何に起因するのか？　脳下垂体ホルモンの働きが活発になって睾丸や卵巣を刺激し、性ホルモンの働きが活発になることを図で学習する。

❹**男性および女性ホルモンの種類と働き**――男性ホルモン（テストステロン）および女性ホルモン（エストロゲン、プロゼステロン）の働きを学習する。

❺**男性および女性性器の構造および性器の衛生**――男性および女性性器の構造を図で学習する。

❻**月経および更年期の生理的変化**――排卵と月経の仕組みを図で学習する。また、更年期における生理的、精神的変化を学習する。

❼**性交、受精および分娩**――性交、射精、受精、着床、妊娠および分娩を図で学習する。

❽**ビデオ鑑賞**――世界的に有名な写真家レンナート・ニルソン作成のビデオフィルム『生命物語(Sagan om livet)』[3]を観、感想を話し合う。

❾**妊娠中絶**――妊娠中絶が法律で許可されている国と禁止されている国があることを説明し、妊娠中絶について生徒たちの賛成、反対の理由を聞いて討論させる。スウェーデンにおいて中絶が許可される妊娠期間と、その許可決定機関を学習する。

⑩避妊具の種類と使用法の紹介——全国性知識普及協会（ＲＦＳＵ：Riksförbundet För Sexuell Upplysning）が販売する避妊具セット（各種避妊具が入っている）を使って、避妊具の種類および使用法を学習する。

⑪性病の種類および症状——種類と症状、そして性病にかかったときの義務と責任を学習する。

⑫性病に関するビデオフィルム——性病検査の模様を紹介するフィルムを観、性病治療を行うことの重要さ、および治療を行わなかったときの危険性を学習する。

⑬恋愛、愛情、男女平等——男女別四〜五人の小グループで男子生徒が惹かれる女性像、女子生徒が惹かれる男性像を自由討論し、グループごとに提出したレポートを黒板（ホワイトボード）にまとめてクラス全員で討論する。生徒の母親たちが夫のどこに惚れ、父親たちは妻のどこに惚れたのかを考えさせるのがおもしろい。

⑭デンマークのアニメ映画の観賞——アニメ映画『子どものための使用説明書（En brugsanvisning for unge）』を観る。この映画は、スウェーデンのテレビの青少年番組で放映されたものであるが、果たして内容的に生徒たちに見せてよいものかどうか最初は迷った。映画は少年（ペーテル）と少女（マリア）の若いカップルを主人公に、ペッティングや初体験での出来事を中心に、自分自身の体の変化や同性、異性の体についての素朴な疑問（たとえば、性器の形や大きさ、性感帯、避妊方法、オナニー、性器の衛生など）をテンポよく、しかも分かりやすく説明している。説明や会話が少年少女たちの声であることもあり、生徒たちには身近で楽し

い映画であるようだ。

⑮**社会における女性観、ポルノ、売春、強姦および近親相姦**――ケーブルテレビでは、毎晩、無修正ポルノ映画が放映され、インターネットでも簡単にポルノ写真やビデオを見ることができ、マスメディアでは売春、強姦および近親相姦のニュースが絶えない社会での女性観をクラスで討論する。

⑯**一般的でない性行動の数々**――大人の世界には、異常な性行動が多々あることを説明する。

⑰**ＨＩＶおよびエイズ**――ＨＩＶおよびエイズの歴史と地理的分布、原因、増加ぶりを統計により説明する。

二〇〇二年の春、ウプサラ・コミューン委員会事務局から生物学担当の教員たちにインタビューを申し込んできた。性教育についてインタビューをしたいとのことであった。委員会に統計数

（3）Lennart Nilsson。一九二二年生まれのスウェーデン人写真家。光ファイバーや電子顕微鏡を駆使し、人体ミクロコスモスの撮影を専門とする。母体内での胎児の成長過程を写真に撮り続けた『子どもの誕生（Ett barn blir till）』（一九六五年）で一躍、世界の注目を集める。『生命物語』（一九八二年）は、性器の働きをはじめ、受精から子どもの誕生に至るまでの過程を映画化したものである。一九八五年に出版された『身体の防衛（Kroppens försvar）』では、がん細胞やエイズウイルスに対する人体の抗体機能を写真に収めるのに成功した。

字や説明を提供している三人の秘書たちによると、ウプサラ・コミューンでは、二〇〇一年、一〇歳代の妊娠中絶が一五八件あり、事の重大性を重く見た事務局が中学校での性教育のあり方に欠陥があるのではないかと考え、それを調査するためのインタビューということであった。ほかの生物の教員たちと一緒に多くの質問に答え、私は生物の教科主任として、先ほど記した私の授業計画とその進め方を紹介した。秘書たちは私の学校での性教育の内容に満足し、委員会事務局へと帰っていったが、このときは自我自讃した。

毎年春学期、中学三年生は、青少年のみを対象としたコミューンの保健所である「青少年健康相談所」へ見学に行く。青少年健康相談所には産婦人科医、看護師、助産婦、悩み相談カウンセラーおよび心理カウンセラーが勤務しており、青少年の心理的、肉体的悩みや妊娠、避妊などの相談に応じている。予約は必要であるが相談は無料であり、青少年にコンドームが無料で配布されたり、避妊用ピルの相談にも乗っている。

もちろん、ここでも守秘義務があることはいうまでもない。それだけに問題もある。中学三年生は義務教育最後の年であり、とくに最終学期である春学期には学校での「強制的」勉強に嫌気がさし、サボりだす生徒たちが出てくる。しかし、さぼった生徒たちにどこに行っていたのかと聞いても「青少

表4　ウプサラ・レーンに住む15～19歳の女性1,000人あたりの妊娠中絶統計

年	1990	1991	1992	1993	1994	1995	1996	1997	1998	1999	2000	2001	2002
‰	21.3	22.1	22.4	19.9	15.5	15.3	20.1	15.3	15.2	17.1	20.5	18.0	19.8

注：15歳以下の妊娠中絶は統計に含まれていない。

年健康相談所に行っていた」と答えられると、学校としてはお手上げの状態になる。

スウェーデンの中学生は語学が非常に優秀

私がスウェーデンの中学生にいつも感心させられるのは、彼らの語学に対する才能である。必修外国語である英語はもちろん、選択外国語であるドイツ語、フランス語、スペイン語も、中学三年生ともなれば日本の外国語大学生以上の能力があると思われる。

現在、英語教育は小学校の二年から、そして選択外国語教育も六年から行っている。では、なぜスウェーデン人は語学が優秀なのだろう？　英語、ドイツ語がゲルマン語系で単語が似ていて覚えやすいこともあるだろうが、私は、スウェーデンの外国語教育に見られる「聴覚教育」と「会話教育」を中心としたやり方によるものだと考えている。

大学生となった私の甥や姪が一人で、あるいは友人たちと一緒に夏休みに私を訪ねてスウェーデンにやって来る。私は、スウェーデン人の家庭がどのようなものかを見せるために友人たちの家庭に連れていく。そして、スウェーデンの友人たちは大学生なら英語は理解できるだろうとゆっくりと話してくれるのだが、結局は、いつも私が通訳をすることになる。最初のころは、「日本では英語教育をしないのか？」と私に質問をしてきたが、最近では、「日本ではまったく役に立たない英語教育をしていて、大学を出ても英語が理解できていない」、「日本の英語教育は間違っている」というような指摘をしてくる。

日本の大学生の英語レベルをスウェーデンの中学校の成績基準で測れば、大部分が「不可」をもらうことになるのではないかと思われる。中学一年生から英語を学び、中学三年間、高校三年間、そして受験勉強で英語の「豆単」を頭に放り込み、しかも大学の一般教養で英語を学び、専門科目で英語の論文も読んでいるのに……。この現状は、あまりにも「読む」、「書く」、「文法」に執着しすぎ、「話す」、「聞く」を疎かにした結果であると思われる。人と人とのコミュニケーションは、「話す」、「聞く」ことから始まるというのに……。


ヴァクサラ中学校の一年生の英語の授業を覗いてみると、なるほどこれが語学を堪能にする方法か、と納得させられる。英語の授業で教員は、文法の説明以外はスウェーデン語をまったく使わない。すべて英語で説明をし、生徒たちに英語を聞く「耳」に慣れさせる。では、英文をスウェーデン語に翻訳させるときはどうするのか？　もちろん、生徒たちはスウェーデン語で答え、先生はその答えに対して英語でコメントをすることになる。隣の席の生徒と私語をしている生徒に注意をするのにも英語、プリントを配り、生徒たちに問題やパズルをさせるときも英語である。こうして生徒たちは、その場その場に適した単語や表現を知らず知らずのうちに身につけていくのである。

私が現在の学校で最初に受け持ったクラスは真面目で熱心で優秀な女子生徒たちが多かったが、

男子生徒のほうとなると、二、三人を除けば学校に勉強に来るというよりは友人たちに会うために来て、毎学期終業式の日には成績の悪さを自慢しあうというような連中であった。このクラスが中学三年のとき、アメリカ・カリフォルニア州の交換留学生システムでウプサラ大学にやって来ていた大学生六人が数学の授業を見学に来た。

彼らは、名前や専攻学科、趣味、そして自己紹介をスウェーデン語で話そうとしたが、その表現に困っているようであった。そのとき、「成績会議」ではいつも名前が挙がる（つまり、成績がよくない）男子生徒が「英語で話したらいいいよ。みんな英語がわかるから」と発言したのには少なからず驚かされた。

英語の文法や作文ができなくても、生徒たちはテレビやビデオでよく外国映画（大抵はアメリカ映画である）を観ており（スウェーデンでは、外国映画はすべてが字幕スーパー）、絶えず外国語を耳から聞き、理解する習慣がついている。小学生もヒット曲や新曲の音楽ビデオのテレビチャンネル、MTV(4)をよく見ているので、小学校の低学年であってもマドンナやスパイスガールズ(5)といったアメリカやイギリスの曲を堂々と英語で歌っている。

（4）Music Television。一九八一年にアメリカで放送が開始された、音楽ビデオを中心とした二四時間放送の若者向け衛星テレビ番組。今日、新曲がヒットするためには、その曲の音楽ビデオがMTVで人気を集めることが絶対条件だといわれるほどの影響力をもっている。

一九九四年一一月の国民投票を経て、一九九五年、スウェーデンはＥＵ（ヨーロパユニオン）に加盟した。その直後に新聞の求人欄に掲載された、ブリュッセルのＥＵ本部で働く翻訳家採用の応募条件を見て、私はそのすごさに思わず驚いた。応募条件は、母国語を含め、ＥＵ諸国言語である五ヵ国語の翻訳ができることであった。私の友人や同僚たちのなかにも、スウェーデン語を含めて三ヵ国語や四ヵ国語を自由に操る（デンマーク語、ノルウェー語は数えない）スウェーデン人が多くいるが、応募条件が五ヵ国語というその程度の高さには敬意を表するしかない。

昨年、スウェーデン民放テレビ局のモーニングショーを観ていると、東京で五～六年間勤務し、任務を終えようとしているスウェーデン大使夫妻がゲストとして出演していた。日本の美しさや文化の奥深さ、日本食の美味しさなど次々と褒め言葉が出てきて、私は気持ちよくテレビを観ていた。しかし、「大使として日本で難しいことは？」というアナウンサーの質問に対して一番に挙げたのが、「日本のトップ政治家といわれる人たちが英語ができないので、直接話せないこと」である。国際社会化を推進しようとする日本において、言語の壁はまだまだ厚いようだ。

数学はどうも苦手

教員になって最初の年、数学の苦手な生徒たちがあまりにも多いのには驚かされた。中学三年生でも、九九ができない生徒がクラスの四分の一もいるのである。文章問題ともなれば、足し算や引き算の問題はさすがにできても、その問題を解くのにかけ算を使うのかわり算を使うのかはまったくの「賭け」という生徒もいる。ましてや、その文章問題がかけ算もわり算も使わなければならない数段階の計算となれば、これはもうまったくのお手上げ状態となる。

最近の日本の小学校での算数教育を私は知らないが、私たちの時代にはソロバンがあった。ソロバンのかけ算、わり算の基礎は九九であり、その繰り返しが暗算の上達につながった。スウェーデンにはもちろんソロバンはない。数学を教えている私の同僚といえども暗算の苦手な人がいる。同僚や友人たちと自動車で旅行をしてガソリン代をワリカンで清算する際、私が一人当たり何クローネになると言うと、なぜそんなに速く計算ができるのかと必ず聞かれる。私が速いのではなく、彼らが遅いのである。

では、なぜスウェーデンの子どもたちは九九ができないかというと――私はこれがスウェーデン的発想だと思うのだが――教員が生徒たちに無理強いをしないからである。計算の方法さえ理

(5)　一九九四年にイギリス人の女性五人で形成されたポップグループ。メンバーはメラニー・クリスホルム(Melanie Crisholm)、メラニー・ブラウン(Melanie Brown)、ヴィクトリア・ベッカム(Victoria Beckham夫はデビッド・ベッカム選手)、エンマ・バントン(Emma Bunton)、ゲリ・ハッリウエル(Geri Halliwell)。一九九六年七月にシングルレコード"Wannabe"でデビュー。このデビュー曲がイギリスポップ界ベストテン一位となり、一躍有名になる。以来、ゲリ・ハッリウエルの離脱があったものの、二〇〇一年までの四年間半のCD売り上げは、アルバム、シングルあわせて六〇〇〇万枚に達する。

解できれば、九九で苦労をさせるよりも計算器を使わせればよいという考え方である。しかし、日常生活において暗算をする際にはどうするのだろうか……まさか計算器をいつも持ち歩くわけにもいかないだろうと思うのだが。

小学校時代は算数が得意であったが、中学校になって苦手になったという生徒たちも多い。これは、中学校での数学が抽象的な分野を取り上げるようになるとともに、文章問題の複雑化によるところが大きいと思われる。そのため、数学教育の具体化が強く叫ばれている。数学教員の研修会などでもこの点についてはよく取り上げられ、教育大学の講師たちが実際に具体例を挙げて説明をしている。しかし、彼らが取り上げるのは、必ずと言っていいほど面積、体積の問題であり、生徒たちが数学は難しいと感じ始める代数問題を具体例として取り上げることはない。xやyは、あまりにも抽象的すぎるのである。

数学アレルギーは一部の保護者の間にもある。保護者によっては、数学科の大学教授になるわけではないし、数学に興味をもっている生徒は高校の自然科学系統の学科に進めばいいしなど、中学校では基礎的な四則計算だけで十分ではないかという声も上がっている。三者面談でも、「私も数学は大の苦手で、息子や娘が数学ができないのは遺伝ではないか」と、変なかばい方をする保護者までいる。また、「現在の中学生は昔ほども問題数をこなさず、そのため、そのときは理解できたつもりになってもすぐに忘れてしまうのだろう」と、ある年配保護者は語っていた。

この年配保護者が受けた教育は、日本の数学教育とよく似ている。理解度はともかく、問題数をこなすことによって計算法や解答法を頭に叩き込む教育である。いまだにそれを行っている日本の数学教育は、スウェーデンと比べて数十年遅れていることになるのだろうか……ふと考えてしまう年配保護者の発言である。

もちろん、スウェーデン人の中学生すべてが数学を苦手としているわけではない。私の教え子の一人は、高校進学後にヨーロッパ中の高校生を対象とする数学コンテストにスウェーデン代表として出場し、見事三位に入賞した。このような天才的な生徒がいることも書き添えておきたい。

次に、小・中学校における数学の授業法を述べることにするが、ちなみに、中学校教育における数学の内容を簡単に列挙すると**表5**のようになる。前学年の内容と重複する分野では、その内容の復習後に複雑な問題へと進むことになっている。

教科書に載っている新しい考え方や計算法を、教員が授業の初めに黒板で説明をし、説明が終われば同じような問題を生徒たちが試行錯誤で解いてゆく……。これが、おそらく世界共通のパターンではないかと思う。少なくとも、私がスウェーデンの中学校で見てきたかぎりでは、まず九〇パーセントの授業がこのような形で進められている。そして、残り一〇パーセントは計量測定で、定規や巻き尺、秤やメスシリンダー、時計などを使っての測定問題や、地図帳を使って調べる幾何での縮尺問題であったりする。もっと自由な発想で生徒たちに数学を討論させ、理解さ

表5　中学数学での教育内容

中学一年	・度数分布およびグラフ（グラフ、度数分布表の分析） ・計量測定（長さ、面積、重量、体積、時間、温度） ・数値および四則計算（数値、四則計算、分数、分数の足し算、引き算） ・パーセント（パーセント計算、利息、割引、消費税） ・代数（四則混合計算、関数、方程式） ・幾何（角度、多角形、長方形、三角形、平行四辺形の面積）
中学二年	・統計（統計表、各種グラフ） ・数と計算（速度計算、負数、近似値） ・パーセント（100%以上の計算、変化指数） ・幾何（縮尺、円、長方体、プリズマ、円柱形、ピラミッド、円錐形、球） ・代数（関数、方程式）
中学三年	・数と計算（四則計算、分数、比率、パーセント、千分率、ppm［parts per millon、100万分の一］、指数計算） ・統計および確率 ・代数および関数（座標、関数、方程式） ・図形（相似、平方根、直角三角形およびピタゴラスの定理）

せることが大切なのだが、悲しいかなそのような時間がとれないのが現状である。

　また、教科書が学校のものであるため、中学一年の数学はその一年間で終わらせなければならない。でないと、新しい中学一年生に教科書を貸すことができないのだ。そのため、教科書に載っている歴史話や古代数学者の話も、「時間がないから」という理由で、「暇があれば家で読んでおきなさい」という一言だけで素通りとなってしまう。

　数学の内容を、いかに具体的に、生徒の身近なものにするかが課題の一つであるわけだが、その意味では「パーセント計算」はありがたい分野である。毎日のように郵便物と一緒に放り込まれるスーパーのチラシ広告には、この食品・製品は何パーセント引きといった「数学の問題」が山ほど印刷されているし、電気店の広告には、パソコンやテレビ、ビデオといった誰もが日常において使用している電気製品の旧価格と新価格が載っていて、割引率の計算をするのに最高のサブテキストとなっている。

普通、授業は教室のなかで行うのだが、五月下旬から六月上旬にかけては、教室外で行うことのできるライブ感のある問題を考えておかなければならない。これは、毎年五月下旬から天気の良い暖かい日が続くため、校庭で日光浴をしながら勉強をしたいという生徒たちの要望が大きくなるからだ。学校としても一応のガイドラインがあり、美術の写生および体育の授業では屋外の授業を認めているが、ほかの科目では終業式のある最終週まで屋外での授業はできないことになっている。しかし、実際は……。参考までに、私が屋外で行っている数学の授業を挙げておく。

❶自転車を使ってのパイ（π）計算

これは、学校の正門前にある広場でグループごとに自転車を使って行う授業である。各グループから一人の生徒が自転車を押して歩き、スタート地点からタイヤが二〇回転し終えた地点までの距離を巻き尺で測る。そして、タイヤの直径と測定した距離をもとにパイ（π）を計算する。この広場は、国鉄ウプサラ駅や街の中心街へと行く人たちが通るため、その人たちに学校活動の一端を見せることができるので私はこの授業が好きだ。

❷自動車の統計

学校の横には南北に走る幹線道路があり、ここを走る自動車の台数をメーカー別に調べたり、車の色を調べたりして、統計計算やグラフ作成のためのデータを集計する。スウェーデンといえば、車は「ボルボ」と「サーブ」であるが、最近はあまりサーブの車を見かけなくなったように思う。それに引き換え、トヨタやホンダの日本車、BMW、アウディ、ドイツフォードといったドイツ車を多く見かけるようになった。

❸速度計算

やはり、学校横の幹線道路で一〇〇メートルの距離を測り、その距離を車が何秒で通過するのかをストップウオッチで測定し、時速を計算する。学校横の道路では午前八時から午後六時までは時速三〇キロメートルのスピード制限になっているため、違反車の率を知ることもできる。普段はなかなか制限速度を守らないドライバーたちであるが、この日ばかりは、この光景が視界に入るのか安全運転に心がけているようである。

スウェーデンの中学校では二次方程式や幾何の証明問題はまったく取り上げないし、日本の小学校や中学校の数学問題集にあるような、「なぜ、そんなにまで問題を複雑にしなければならないのか?」というような問題は義務教育で取り上げることは一切ない。私は、中学校で数学を教える同僚たちや小学校高学年の学級担任たちに、日本の小学校五年生、六年生用の算数の問題集を見せたことがある。彼らは日本の数学教育の水準の高さに驚きながらも、まったく無意味としか思えないような数多くの問題に首をかしげた。たとえば、以下のような小学校五年生の問題である。

50×13×(27.374+48.868−39.777−7.374−18.9×1.07)÷26=

可哀想なのは子どもたちである。計算器を使うことなく、筆算で答えを求めていくのだろうが、この問題を出題する意図はいったい何だろう？　勉強は将来のためにするとはいうものの、大人になって小数点三桁を使ったこのような複雑な計算をした人が果たして何人いることか？

次の問題もやはり小学校五年生の問題であるが、この本の読者でこの問題を簡単に解ける方が果たしてどのくらいいるのか興味深いところである。

2つの数AとBがあって、(A＊B) は A×A+B×B を表すことにします。
たとえば (1＊2)=1×1+2×2=5 です。
では、(○＊○)=2.88 にあてはまる数字は？

問題集によれば、右記の問題はいずれも基本問題、つまり小学校五年生でできて当たり前ということである。しかし、このような問題は子どもたちの学習意欲をかき立てるどころか、逆に数学嫌いを増やすだけではないかと私には思える。いずれにしろ、教育に携わっている人だけでなく、これからの数学の授業をどうすればいいのかをすべての人に考えてもらいたい。

現在、スウェーデンでは、国語（スウェーデン語）、英語、数学のいわゆる三つの基礎科目にかぎって、全国一斉テストが小学校五年と中学校三年で行われている。小学校五年の全国一斉テストでは、テストの結果、基礎知識に欠けている生徒たちを対象に六年になったときに特別支援教育を施し、中学校での学習についていけるようにサポートすることになっている。中学三年のときには、全国一斉テストでの成績と普段学校において出す成績と比較して、学校における成績規準を再考する意味も含んでいる。また、数学の最終成績で「優」をもらうには、学校の試験の点数がよいだけではなく、全国一斉テストで、思考力を問う問題で「優」をもらっていることが絶対条件となっている。

数学で「優」をもらう生徒たちは、やはり思考力が要求される理科系科目（化学、生物、物理、技術）においても優秀であり、彼らの進路を見てみると、ほとんど全員が自然科学科か技術学科の高校に進学している。これは将来、彼らが目指す職業（医者、歯医者、獣医、薬剤師、化学者、エンジニアなど）に就くためには大学の医学部や自然科学系学部に入学・卒業をする必要があり、そのためには高校の自然科学科または技術学科を卒業していなければならないからである。

理科の授業は実験が中心

中学校の理科系科目は、生物学、化学、物理学、技術の四科目が独立科目となっており、授業は実験を中心に行われる。各科目の分野に適した実験と、その実験に付随した問題を通して理論へと導く。もちろん、理論から入って、実験でその理論を確かめることもしている。化学や物理学の実験では、安全性の面から生徒たちにはさせられないものもあり、そのような場合には教員が教壇で実験を見せて授業を進めていくことになる。

実験を中心に理科教育を行うのはスウェーデンの昔からの伝統であり、それが人口九〇〇万人弱の小国スウェーデンを科学技術の面において優れた工業国にしている所以《ゆえん》でもある。基礎教育の段階で多くの実験をすることで五官を通して子どもたちの自然科学に対する興味をもたせ、理解させることが非常に重要視されている。ウプサラ教育大学時代に、教育学の教授が授業中に言った言葉をいまだに覚えている。

「聞いたことはそのうちに忘れてしまう。目で見たことは記憶には残る。そして、実際に自分で行ったことは理解ができる」

これまでに行った実験のなかでいちばん印象深いのは、生物の時間に行った魚の解剖実験である。そのときの話を紹介しよう。

魚の解剖には、普通、魚屋や食料品店で簡単に購入できるニシンを使用することが多い。大きさは約二〇センチメートルと手ごろな大きさでもあるし、値段が安いからである。しかし、教員側にしてもニシンの解剖ばかりだと飽きてくる。そこで私は、趣味と実益（?）を兼ねて、私の釣果を解剖魚に提供している。日本以外の淡水魚や気水魚にはほとんど日本名が付けられていないので説明が難しいが、獰猛な肉食魚でスポーツフィッシング魚として人気があるカワカマス（学名：Esox lucius、英名：パイク）や食用魚として人気が高いアボレ（学名：Perca fluviatilis、英名：パーチ）、フィンランドや東欧では食用にされるがスウェーデンでは不人気なブラクセン（学名：Abramis brama、英名：ブリーム）やメット（学名：Rutilus rutilus、英名：ローチ）が解剖の対象魚となる。

同僚が釣り上げた6.6kgのカワカマス

これらの魚はどこの湖でも釣れるので、生徒たちにとっても身近な魚である。しかし、ほとんどの生徒は魚の解剖をするのは初めてであり、興味津々ながらも、六〇センチメートルもあるカワカマスを解剖するときはこわごわである。つまり、カワカマスの歯の鋭さを生徒たちは知っているのである。グループごとに違った種類の魚を解剖し、ほかのグループの魚と比較研究をする。「臭い、臭い」と言いながらも楽しい授業の一つである。

しかし、この臭さは生魚の臭さにしかすぎない。スウェーデンには、「世界一臭い食べ物」があるので紹介しておこう。数年前、日本の民放テレビ局が「世界の臭い食べ物」という特集を行い、その結果、スウェーデンのスール・ストゥレンミング(surströmming：スウェーデン語で「sur」は「腐敗しかけた」、「strömming」は「ニシン」。あえて訳すなら「発酵ニシン」）が「世界一」の座を獲得したのである。スール・ストゥレンミングとは、大量にとれたニシンを薄い塩水に漬けて発酵させたもので、毎年八月の第三木曜日が販売の解禁日である。八月下旬から一〇月にかけての週末は、あちこちでスール・ストゥレンミング・パーティが開かれる。

ただし、スール・ストゥレンミングは、スウェーデン人の間でも愛好家（北部の出身者が多い）と拒食家（中部および南部の出身者が多い）にはっきりと二分されている不思議な魚料理である。スール・ストゥレンミングの是非をめぐっては、ドイツで裁判にまでなったことがある。ドイツ人男性と結婚をしたスウェーデン女性がスール・ストゥレンミングの缶をアパート内で開けたことから、隣人たちから猛烈な苦情が出て裁判沙汰となったわけである。その結果、「スール・ストゥレンミングはアパートでは開けてはならない」という判決が下りたということであるが、この「世界一臭い魚」を検証した裁判官や陪審員たちも、きっとその匂いには参ったことだろう。

スウェーデンの魚に関する話をもう少し続けることにしよう。スウェーデンでは至る所に川や湖があり、しかも多くの家族が自然のなかにサマーハウスをもっていることもあって、ほとんどの生徒たちが長い夏休みの間に少なくとも一度は魚釣りをする。メットや小さなアボレは、ミミズをエサにすればフナ釣りと同じように（ただし、スウェーデンにはフナはいない）浮き釣りで簡単に釣ることができる。食料になるような大きなアボレ（体長五〇センチメートル、体重三〜五キログラム）やカワカマスはルアーで釣る。アボレは身がしまっていて、塩焼きにしてもバター焼きにしても美味しいので釣り人に人気がある。

カワカマスは、大きなものでは体長一五〇センチメートル、体重三五キログラムにも達し、寿命も三〇年と長い。まさに、川や湖の主である。カワカマスは三枚に下ろしてオーブンで焼き、玉子でつくったホワイトソースをかけて食べると美味しいが、カワカマスにはY型をした小骨が数多くあるため、いちいち骨を取らなければならず少々面倒である。

魚釣りを一度もしたことがない人であっても必ず釣れる魚がいる。ニシンである。ニシンは六月が産卵期で、産卵のために海岸近くの浅瀬にやって来る。エサはまったくいらず、金色の針さえあれば十分で、釣糸に付けている針の数と同数の魚が一度に釣れるほどの入れ食いである。一時間もしないうちにバケツが一杯になるほど釣れるが、あまり調子に乗って釣りすぎると、鱗やはらわたを取るのに手間がかかるので厄介でもある。

大きな湖には、スウェーデン名がイヨス（学名：Lucioperca lucioperca 英名：パイクパーチ）という魚がいる。大きなものでは一二〇センチメートル、一二キログラムにも達する。水温が高くなった夏の夕暮れにモーターボートをゆっくりと走らせて、トローリングをすれば簡単に釣ることができるが、針にかかってもまったく抵抗をしないため、スポーツフィッシングの魚としてはもう一つ手ごたえがない。しかし、非常に鋭い歯をしているので、針を外すときには気をつけなければひどい目に遭うことになる。イヨスも身がしまっていてバター焼きにするかフライにすると非常に美味しく、私感ではあるが、スウェーデンで釣れる魚のなかでもっとも美味な食用魚である。

アボレやカワカマス、ニシンやイヨスは魚屋で買うことができるが、最後に、買うことができない、釣り人だけしか味を知らない魚を紹介したい。それは、急流に生息するカワヒメマス（学名：Thymallus thymallus 英名：グレイリング、ス名：ハル）という魚である。この魚は非常に大きな背ビレをしていて、産卵期にはオスの背ビレに赤紫色の婚姻色が出る非常に美しい魚である。カワヒメマスは鮮度を保つのが難

カワヒメマスの大きな背ビレ

しいためか、魚屋の店頭に並ぶことは決してない。私はフライフィッシングで釣ったカワヒメマスを塩とレモン胡椒で味付けをし、アルミのホイルに包んで蒸し焼きにする。そして、辛口のホワイトワインとともにカワヒメマスに舌鼓を打つ。これがまた美味い。私は、スウェーデンの食用魚ナンバー・ツーにカワヒメマスを挙げている。

私が教員を始めたころ、理科系科目の授業は二クラス（合計六〇人）を三グループに分け、一グループが二〇人であった。そして実験はというと、二〇人を二、三人ずつの小グループに分けて行っていた。とくに、化学の実験では、酸やアルカリ、各種アルコール類や有機溶剤、ガスバーナーを使用することが多いため、安全面のことを考えるとこれ以上の人数では無理と思っていた。

実験が中心の理科系の授業とは言っても、理論だけの授業も多くあり、そのため一グループ二〇人の教育を行う私たちは、ほかの教科の教員たちから羨望の眼差しを受けていた。しかし、国の財政の悪化やコミューンの財源悪化のため、一グループ二〇人の教育であった理科教育も、理論の時間と実験の時間に区別され、理論の授業は三〇人のクラス単位で、実験の時間はその半分で行うという時間割に変化した。しかも、以前なら週二〇〇分（五授業時間）あった理科教育も、学年にもよるが、週一三〇～一四〇分（約三～三・五授業時間）へと縮小されるに至った。これは、以前からの授業科目に加え、コンピューター教育、テーマ教育、読書時間などが時間割に取り入れられ、各科目の授業時間数が削られたことにもよる（八七ページの表3も参照）。

　さらに来年度からは、実験の時間であっても三〇人授業にするという提案が私の学校でも出ている。学校によってはすでに三〇人授業を行っているところもあり、実験スペースや器具の不足、多人数による実験ということで安全性の問題から以前ほど満足な実験ができず、中学生の理科離れにいっそうの拍車をかけることになりそうである。

テーマ教育

　一九九四年に制定された学習指導要領により、中学校でもテーマ教育が時間割に組み込まれることになった。小学校では、それ以前からも「自由研究」という形でテーマ教育が取り入れられていた。というのも、小学校では一人の教員が実技科目を除くほとんどすべての科目を自分の教室で教えるために時間割においても融通が利くことや、授業ごとに生徒たちが教室を移動する必要がないため多少なりと時間に余裕があったからである。

　テーマ教育では、長期計画（四週間から六週間ごとに新しいテーマが取り上げられる）に基づき、青少年を取り巻く社会問題（アルコール、麻薬、タバコなど）、地域や地域社会（自然、文化、歴史、風習、産業、インフラストラクチャーなど）、人間関係（友情、愛情、イジメ）などを自由研究の形で取り上げることになった。テーマと発表日は決まっているものの、一般授業とは異なり、アイデアや発表方法、時間の活用法だけではなく、テーマによっては勉強する場所についても生徒たちの自主性に任せられている。つまり、ここでいう自主性とは、一口で言えば「好きなようにやれ」ということである。生徒に自由と責任を与えることで、教科の枠にとらわれることなく自由に発想し、探究心、計画性、発表方法など、学習技術を習得するための方法を自ら考えなさい、というものである。

中学校の二年生、三年生ともなれば多くの生徒は学習技術を習得できているので、テーマ教育での学習にも計画性がある。しかし、中学一年生ではまだまだ計画性のある生徒は少なく、そのため生徒によってはテーマ教育の時間を「雑談の時間」と考えている節もある。そして、発表日が近づいてくると慌てふためき、中途半端な研究発表をすることになる。そのため一年生には、今日は何をしたか、また次のテーマ授業までには何を調べておかなければならないか、そして次に何をしなければならないかといった予定を「テーマ日誌」に書かせ、計画性と責任感を煽るようにしている。

「人間関係――愛情」というテーマを選んだ生徒たちの発表を例にとってみると、自作の詩や小説の朗読、愛をテーマにした音楽のテキスト分析、自分たちで脚本を書き、情景や服装にも工夫を凝らしてシーンにあった音楽をCDから吹き込んでプロ顔負けのビデオ映画を制作するなど、そのアイデアの豊かさには驚かされた。また、放課後や休日といった自分たちの自由時間をフルに活用して課題に取り組む姿勢には改めて感心させられもした。このビデオ映画制作グループが等身大の人形を教室の窓から落として撮影をしたときには、近所の人から「誰か生徒が窓から落ちた……」と、学校に電話がかかってくるほどリアルなものであった（幸いにして、救急車やパトカーがサイレンを鳴らして来ることはなかった）。

スウェーデン全土の中学三年のテーマ教育で、もっとも多く選ばれているのではないかと思われるテーマを紹介しておこう。それは「プロジェクト　宇宙船」と呼ばれているもので、もともと、ある生物教員の授業でのアイデアが教職員組合新聞に紹介され、それがスウェーデン全土に広まったものである。この「プロジェクト　宇宙船」とは、次のようなものである。

まず、生徒たちは四人一組でグループを形成する。地球から宇宙船で六〇〇〇年の距離にある小惑星が発見され、調査の結果、人間が住める環境であることがわかった。そして、そこに一〇〇人の地球人が移住することになり、君がこの「プロジェクト　宇宙船」の最高責任者に選ばれた。君の役割は、この宇宙船が六〇〇〇年の宇宙の旅を無事に終えて小惑星に到着することができるように、宇宙船の設計から飛び立つ一〇〇人のメンバーの選択をするというものである。

そして、この宇宙旅行には自分の好きな食べ物や飲み物、音響製品やほかの電気製品なども出発時に持ち込んでよいということになっている。生徒たちは、本題に入る前に宇宙船に何を持ち込むかを語り合う。ポテトチップスにコカ・コーラ、CDウォークマンにDVDプレーヤーなど……人生を八〇年として、これはものすごい数のポテトチップスとコカ・コーラが必要になる。これでは無理だ。「それに、何十年もの間、新鮮な味が保てるだろうか?」、「ウォークマンの電池はどうする？」など、生徒たちの希望は次から次へとかき消されていくことになる。

では、この「プロジェクト　宇宙船」の目的は何だろう？

宇宙船の設計にあたっては、当然、エネルギーや酸素、水、食料などの資源確保の問題、かぎられた資源の利用法、排泄物や汚水、廃棄物のリサイクルの問題を考えなければならない。生徒たちは、炭酸同化作用、食物連鎖、生態系、環境保護やリサイクルを、教員に言われてではなくグループディスカッションで自然に考えることになる。また、地球人一〇〇人の選択では、六〇〇〇年を乗り越えるための職種、男女比、年齢層を考慮に入れ、しかも年齢ピラミッドの変化を考えなければならず、宇宙船内の人口が絶えず一〇〇人を超えることなく、ほぼ一定に保たれるためには宇宙船自体が安定した生態系を形成しなければならないことに気が付く。そして、「プロジェクト　宇宙船」の宇宙船とは、大きさに違いはあるものの、私たちの地球こそが「宇宙船」そのものなのだということを発見し、環境汚染や環境保護に注目をするようになる。

ウプサラ大学本部講堂の入り口には「自由に考えることは偉大であるが、正しく考えることはさらに偉大である（Att tänka fritt är stort men att tänka rätt är större.）」というレリーフがはめ込まれている。アカデミックな学者の世界ではその通りかもしれないが、私は生徒たちにはこの逆であって欲しいと願っている。枠にはめられた思考の世界に生きるのではなく、自由な発想とそこから生まれる創造性を試してその可能性を探る。テーマ教育では、まさにそれができるわけである。

コンピューター教育

一九八〇年代の初期に学校に登場したコンピューターは稼動速度も遅く、教育プログラムにおいても、数学の暗算プログラム程度しかなかった。ただ、文章を書き間違えたときに訂正インク（ホワイト）を塗らなくてもよいのが便利でタイプライター代わりに頻繁に使用されていたが、プリンターの文字も角ばっていて読みにくく、学校での必需品としては程遠いものだった。しかし、一九九〇年代に入り、プログラムの多様化、インターネットの発達、電子メールの便利さ、プリンターの改良などにより、コンピューター教育は将来の社会が要求する基礎的知識として欠かせないものとなった。

スウェーデンの各コミューンでは、学校におけるコンピューターの普及率を自慢しあうようになり、各種財団法人に「コンピューター教育のための財源」を学校が要求さえすれば、その全額が交付されるといった感があった。しかし、学校にコンピューター室が新設され、コンピューター本体や付随の機械類は入ったものの、教員のコンピューターに対する知識には遅れがあり、家庭にコンピューターをもっている生徒たちの知識のほうがはるかに上回り、クラスによっては生徒が先生となる場合もよくあった。

私の学校では、以前はマック（マッキントッシュ）を設置していたが、教育ソフトプログラムの多様性や価格、企業や家庭においてウインドウズが普及したことによって学校もそれに変わった。現在、学校には三〇台のコンピューターを設置したコンピューター室があるが、ほかの中学校と比較すればはるかに少ない台数である。学校にはコンピューター教育の専門教員が二人おり、コンピューター問題(6)に対処するとともに、ウプサラの中学校のなかでもっとも新鮮な学校のホームページを作成している(と思っている)。

私は、二週間に一度、週末などに体験した自然界での出来事を、デジタルカメラで撮った写真とともにこのホームページの文化欄に「自然紀行」として投稿をしている(www.vaksalaskolan.uppsala.se)。これは、アスファルト・ジャングルの街中に住む生徒たちに自然の素晴らしさを知ってもらいたいのと同時に、加速度的に進歩するインターネット技術に何とかして遅れずについていかなければという、私自身の必死な努力でもある。

学校のコンピューターを使用するにあたっては、生徒たちは毎年、「コンピューター使用誓約書」に保護者とともにサインをして提出しなければならない。この誓約書には、プログラム改造の禁止、ポルノグラフィーや人種差別サイトへのアクセスの禁止など、コンピューター使用に関する規則が明記されている。これらの規則は、学校では認めることができないコンピューターの使用形態をもとにつくられており、規則違反をした生徒たちは学校のコンピューターの使用が一年間禁止となる。

現在、私の学校で行っているコンピューター教育は、ワード、エクセル、パワーポイント、インターネット、電子メールといった、これからは誰もができなければならないプログラムばかりである。

アジアを学ぶ――日本

スウェーデンの子どもたちは、日本のことをよく知っている。小学校六年の社会科でアジアを勉強するわけだが、最近ではインターネットを使って日本の英語サイトに入ったり、異なった課題（日本の大都市、産業、歴史、地理、日

（6）ネットワークやハードウエアの管理、修理およびトラブルシューティング、新ソフトプログラムのインストールや教員へのコンピューター教育などを担当する。

コンピューターを使用してビデオフィルムの編集を学ぶ中学3年生

本料理、日本のスポーツなど）をグループで調べて発表したりしている。そのためか、六年生を受け持つ同僚たちから日本のことについて話して欲しいとよく頼まれる。そのたびに、私がもっているスライド写真、着物、浴衣、足袋、下駄、日本語の本、貨幣などを学校に持っていき、着物を着て話をすることにしている。

私は、クラスで一番背の高い生徒に浴衣を着せて、足袋や下駄を履かせてモードショーを始めるのだが、みんな足袋の先が二つに分かれているのを不思議がり、すすんで下駄を履きたがる。そして、スライドを見せながら日本の地理、気候、歴史、政治、宗教、教育システム、日本語、スポーツなどの話をしていく。生徒たちは必ず日本語の歌を歌って欲しいと言うので、私はいつも『君が代』と『六甲おろし』の二曲を歌うことにしている。ちなみに、なぜこの二曲かというと、リクエストの一番が国歌であるということと、もう一曲は私の好みである。

『六甲おろし』を歌うときには、用意しておいた阪神タイガースの応援旗を振って歌い、歌い終われば、「これが、日本のプロ野球で一番強いチームだ」と長年にわたって心苦しい「嘘」をつき続けてきた。教員が嘘をつくというのはもちろんよくないが、これもタイガースへのチーム愛がなせることである。しかし、二〇〇三年九月一五日、ついに星野・阪神タイガースは一八年振りにリーグ優勝を果たし、この年は大いばりで『六甲おろし』が歌えた。

この授業を終えると、どういうわけか子どもたちは自分の名前を日本語で書いて欲しいと言っ

ウプサラの阪神タイガース・ファンクラブ

私は自称、ウプサラ・阪神タイガース・ファンクラブの会長である。会員は何人かと聞かれると困るのだが、2003年、タイガースがセントラルリーグの優勝を決めたときには、大人、子どもをあわせて約20人が寿司屋に集まって優勝祝勝会をし、『六甲おろし』を歌うことができた。タイガースは女性に人気があるようで、参加した日本人の大人は私を除けば全員が女性であった。ロンドンに住むタイガースファンがテームズ川に飛び込み、パリのタイガースファンがセーヌ川に飛び込んだことをインターネット新聞（アサヒコム）で読み、ウプサラの「道頓堀川」であるフィーリス川（Fyrisån）に飛び込もうかと考えたこともあったが、あまり変なことをすると職業柄マズイと思ってやめることにした。

タイガースの優勝は、学校の同僚たちにも必ず知らせなければならない出来事であり、私は学年チーム会議の日に大きなケーキを買い、タイガースの帽子にハッピ姿で会議に出席した。普段は会議の終わりのほうで「その他」の議題に入るのだが、この日私は、「その他」の議題を最初に取り上げてくれるように学年チーム主任に話をつけておいた。9人による会議が始まり、私は歴史的な（？）出来事であるタイガースの優勝を同僚たちに話した。そして、あらかじめ用意をしておいたスウェーデン語の『六甲おろし』の歌詞を同僚たちに配り、一番を私が、そして二番と三番を同僚たちと一緒に歌った。その後で、スウェーデン語で「日本最強の野球チームは阪神タイガースです」と書いた紙を回すと、全員がその紙に何らためらうことなく気軽にサインをしてくれた。「サインをしたらケーキをおごる」という条件を出していたからかも知れないが……。

てくる。要望にこたえていつも書くことにはしているが、私自身も授業があるため三〇人分の名前を書いているだけの時間がないため、これはその日の私の宿題となってしまう。そのうえ、生徒たちの両親や兄弟姉妹、飼い犬や飼い猫、好きなアイスホッケーのチーム名やサッカーのチーム名まで書かされるはめになり、単純に彼らの反応を喜ぶわけにもいかないときがある。

ちなみに、どのように書いているかを説明しよう。まず、生徒たちに用紙を配って日本語で書いて欲しい名前を横文字で書かせる。スウェーデン語にはローマ字にはない「å、ä、ö」というアルファベット文字があり、生徒たちの名前を日本語に書き換えるときには、発音的にもっとも近いカタカナ表現をすることになる。たとえば、Åsa（オーサ、女性名）、Jörgen（ヨルゲン、男性名）となり、アイスホッケーのチーム名である「Brynäs」は「ブリーネス」、「Djurgården」は「ユールゴーデン」という風になる。

名前を書いていていつも思うことは、なぜ、日本語では「r」の音と「l」の音の違いが字で表現できないのかということである。たとえば、「ra、ri、ru、re、ro」も「la、li、lu、le、lo」もカタカナで書けば「ラリルレロ」であるが、発音からすればまったく異なっている。というのも、「Christer」（クリステル）は男性名であるが、「Christel」（クリステル）は女性名である。スウェーデン人にしてみれば、まったく発音の違う男女の名前がカタカナにしたら同じになることに納得がいかないようである。

私は、次のような笑い話を聞いたことがある。日本人旅行者がアメリカに観光旅行に行き、レストランで食事をした。このとき、ウエイトレスに食事には「米飯」をつけるか「ジャガイモ」をつけるかと聞かれ、この旅行者は「ライス」と答えた。しかし、このウエイトレスは不思議な顔をして吹き出したという。カタカナで書けば「ライス」でよいのだが、発音が「rice（ライス）」ではなく「lice（ライス）」であったために、彼はシラミを注文することになってしまった。もし、日本字で「r」と「l」の違いが表現できていたらこのような笑い話は起こらなったと思う。

生徒たちの名前を書いていて気になるもう一つの発音が「b」と「v」である。もちろん、これらは「バ、ビ、ブ、ベ、ボ」と「ヴァ、ヴィ、ヴ、ヴェ、ヴォ」と書くことによって発音の違いを表現できるが、「ヴァ、ヴィ、ヴ、ヴェ、ヴォ」のほうは使い慣れていないからか、どうも不自然な気がして仕方がない。

試験

日本の中学校に当たり前のようにある中間テストや期末テスト、そして実力テストといった集中試験がスウェーデンにはまったくないことは先の章で述べた。そしてそのうえに、学校には一週間に同一クラスで二科目以上の試験をしてはならないという不文律がある。これは、生徒たちがストレスを感じることなく自分の能力を十分に発揮でき、しかも自分の趣味やスポーツクラブでの活動を中断することなく普段の生活が送れるようにという配慮によるものである。

そのため、教員としては時間の余裕を十分にもって試験の計画を立てておかないと、ほかの科目に「試験週」を先取りされて試験が組めないということにもなる。とくに、三者面談が行われる一、二週間前や秋学期の終了を前にした一二月上旬、および春学期の終了を前にした五月下旬などは、どの科目においても試験をしたいだけに各教員間でしのぎを削ることになる。万が一重なったときは、試験とまったく同様の規模で宿題テスト[7]を行ったりする教員もいる。当然、この宿題テストが生徒会の授業委員会（三三ページを参照）から非難されることは言うまでもない。

さて、試験となるとすぐにイメージできるのが成績表だが、その成績表をスウェーデンでは、中学二年の秋学期の終業式（クリスマス休みに入る前日）に生まれて初めてもらうことになる。よって一二月に入ると、各科目で自分たちがどのような成績をもらえそうなのかを、興味深く、楽しそうに話し合っている光景を学内で見かけるようになる。以前、成績表の評価が五段階であったときには、いったいどのようにして成績をつけているのかという質問を授業中によく受けた。「鉛筆やサイコロを転がして……」、「抽選器[8]を回して……」と、冗談で答えたこともある。

成績表の話になったときに、「どのような成績がつくと思うか」、またその理由などを生徒たちに聞いてみるとこれがなかなか面白い。授業中に何もせず、しかも追試ばかり受けている生徒でも大抵「良」と答える。その理由は、「毎時間授業に出席しているから」、「本やノートをいつも忘れずに持ってきているから」、「授業の邪魔をしないから」、「授業中に菓子類を食べないから」、「ミキオ（つまり私）に飴を一つプレゼントしたから」など、ファンタジー溢れる（?）答えが返ってくる。

私は、一学期間に教室の椅子を何回温めていたのかということに対して成績をつけているわけではないこと、成績表の成績でもって生徒の価値が決まるものではないことを話し、学校の理科の同僚と一緒につくり（というよりは、義務教育の管理責任が国からコミューンへと移管された際に学校ごとにつくらされたもの）コミューンの教育委員会にも提出してある「成績基準」をモニターで見せて説明をする。

「成績基準」は各学校とも似たり寄ったりではあるが、学校によっては「優」、「良」、「可」の基準がいくぶん異なっている。これは、以前には国が義務教育の責任者であったものが現在はコミューンへと移管され、全国均一教育から各コミューンの社会、地理、自然などの特色を生かした教育へと「自由化」されたことによる。「自由化」とはいっても、教育内容や成績基準に関しては義務教育のバイブルである国の学習指導要領に沿ったものでなければならないことはいうまで

（7）　宿題テストとは、約一〇分程度で回答が終わるような復習テストのこと。

（8）　日本の歳末商戦で使われるような抽選器はスウェーデンにはない。スウェーデンで使用される「抽選器」は、釘（指針）を打った大きな回転式ダートボードを回転させ、停止したときに指針が示す数字によりアタリとハズレを決める。

もない。しかし、同一コミューンでありながら学校によって成績基準が異なるのは不可解であり、その成績基準を設定するために、いかに多くの時間と労力がそれぞれの学校で費やされていることか……。

スウェーデンの学習指導要領は、日本のそれに比べるとかなり大まかであり、学校の特色や教員たちの特色を生かすことがかなり可能である。学校教育活動（科目内容計画、科目授業方法計画、成績基準）はすべて書面化し、コミューンの教育委員会へと提出する。そして毎年、教員の勉強会である教科会議でその内容を再検討し、教育委員会に改めて提出することになっている。

ストックホルム・コミューンでのアンケート調査によれば、多くの小学校六年生が成績表を欲しいと答えている。自分が学習した成果に、何らかのフィードバックを求めているのだろう。もちろん、学期ごとに一度行われる三者面談で自分の成果を評価してもらうことはできるのだが、中学二年になるまでは、「優」、「良」、「可」といった表現を使って評価することは禁じられている。では、中学校の二年生になるまでまったく成績表がないかというとそうでもない。保護者が学期末に評価を求めてきた場合は、コメントを書いて保護者宛に郵送することが義務づけられている。しかし、この場合でも「優」、「良」、「可」といった表現は避けなければならない。

ところで、なぜ成績表があるのだろうか？　この一枚の紙のためにどれだけ多くの生徒たちが胃の痛くなるような思いをしたり、ほかの生徒に対して劣等感を抱いたり、自信やヤル気をなくして、学校をドロップアウトしたことか。日本では、多くの子どもたちがノイローゼになったり、最悪の場合には成績が理由で自殺にまで追い込まれてしまったということもあった。生徒たちの教育の成果を何らかの形で評価することは必要であるが、彼らの将来を決定してしまう手段としての成績表は、義務教育の原点とともに再考されなければならない。

一九六二年に始まった九年制の義務教育での評価は、五段階評価（最高成績は5）であった。そして、当時の成績配分は**表6**のようであった。この成績配分はスウェーデン全体での平均であるが、学校差や学級差を考慮することなく成績がつけられるという傾向が強かった。極端にいえば、どんなに優秀な子どもたちで構成されているクラスであっても必ず誰かに「1」をつけなければならないし、かぎられた人数以上には「5」をつけてはならないということである。このような説明を多くの生徒たちが聞かされ、渋々納得をさせられたという話を何度か聞いたこともある。

私が教員になった一九八〇年代の初期では、一九八〇年の学習指導要領にもとづいて学校差や学級差を考慮して成績をつけるようにはしてはいたが、やはり前述した成績配分がその基礎となっていたことは間違いない。学校教育局が行う全国一斉

表6　成績配分表

成績	5	4	3	2	1
配分	7％	24％	38％	24％	7％

試験がある科目（国語、英語、数学）においては、全国平均の成績と比較してそのクラスの成績をつけるわけであるが、そのような試験のないほかの科目では、成績配分を考えて、生徒の試験の結果や実験の手際良さ、討論時の積極性、授業態度、宿題や宿題テスト、そして自由研究の結果やその発表内容などのすべてを基にして成績をつけていた。また、クラスの科目平均成績があまりにも高すぎたり（四・〇以上）低すぎたり（二・〇以下）すると、その教科担任は、その理由をコミューンの教育委員会に報告しなければならないということもあった。

入学試験

スウェーデンの高校や大学に入学するときに、日本にあるような入学試験による選別というものはまったくない。したがって、受験塾なども存在しないし、仮に塾を開設してもそこに行く生徒は絶対にいないだろう。音楽科やスポーツ科へ進学するための実技試験を除けば、高校への入学は中学三年の春学期にわたされる最終成績による内申書のみで、学力試験はない。ただ、一科目のみ例外がある。それは、高校の英語クラス科への入学のときである。英語クラス科では全教科の授業を英語で行うため、この科の試験だけは、国語（スウェーデン語）、数学、英語の筆記試験のほかに、受験生が四人一組となって英語で社会問題を討論をするという三〇分間のグループ・ディスカッションがある。

表7　2003年春学期に中学校を卒業したある女子生徒の通知表

学校およびコミューン名	**最終成績通知簿**
ヴァクサラ中学校	基礎学校
ウプサラ	**日付**　2003年6月6日

姓名	**個人背番号**
生徒が修了した最高学年 9年（中学3年）	

生徒は義務教育学習指導要領（Lpo94）に基づく基礎教育を修了し、次の成績に到達した。

科目／科目系	成績	科目／科目系	成績
美術	良	化学	可
英語	優	社会科系科目	良
家庭科および消費者学	＊＊＊	~~地理~~	/////
保健体育	＊＊＊	~~歴史~~	/////
数学	良	~~宗教~~	/////
~~近代言語、テーマ~~	/////	~~社会~~	/////
近代言語、選択語、フランス語	良	手工芸	可
~~母国語~~	/////	国語（スウェーデン語）	優
音楽	良	~~第二言語としてのスウェーデン語~~	/////
~~自然科学系科目~~	/////	~~手話~~	/////
生物	優	技術	良
物理	優		/////

校長のサイン＿＿＿＿＿＿＿＿＿＿＿＿＿＿＿＿
校長　ライラ・オスカーションーユングマン

成績：G（可）VG（良）MVG（優）
＊＊＊＝生徒は最終成績目標に未到達。
基礎学校法第7章第9項を参照
/////　＝科目は生徒の教育に含まれない。

表8　3年制の学科の全コース

●建築学科	●エネルギー学科
●乗物学科	●技術学科
●芸術学科	●機械学科
●工芸学科	●プロセス技術学科
●コンピューター学科	●実験助手学科
●国際文化学科	●メディア学科
●自然科学科	●農業学科
●社会科学科	●青少年余暇教諭学科
●体育学科	●英語学科
●エリート体育学科	●美容・理容師学科
●ホテルおよびレストラン学科	●商業学科
●食料品学科	●薬局助手学科
●ジャーナリスト学科	●国際経済・政治学科
●電気学科	●ＩＴ学科

さて、最終学期である中学三年の春学期の成績で高校への入学が決まると書いたわけだが、この最終学期の成績はどのようにして決まるかというと、中学二年と中学三年の両方の成績を考慮した総合成績となる（重点は中学三年の成績に置かれる）。そのため教員のほうも、春学期も終わりに近い五月下旬から六月上旬にかけては成績づけで非常に忙しくなる。ちなみに、中学を卒業する生徒が高校に入学するためには、基礎科目である国語（スウェーデン語）、英語、数学の最終成績が最低「可」であることが絶対条件となっている。

現在、ウプサラ・コミューンには公立一〇校と自由校六校の合計一六の高校があり、各高校にある全学科（プログラム）の全コースを紹介しようとすると電話帳のように分厚くなってしまうので、ここでは単に三年制の学科だけを**表8**において紹介しておく。

高校のコースでは、多くの職業学科をも含む学科が用意されている。しかも各学科には、たとえば、乗物学科自動車整備士コースや乗物学科航空機整備士コース、芸術学科音楽コース、芸術学科ダンスコース、芸術学科演劇コース、自然科学科自然科学コース、自然科学科生化学コース、自然科学科メディアコース……といった、あまりにも多くのコースがあるため、まるで電話帳かというようなウプサラ・コミューンの高校入学案内書を見て、中学三年生が自分の行きたい学科やコースを探し出してコミューンの高校入学委員会に希望を書いて願書を出すのは決して楽な作業ではない。そのうえ、どの高校に行くことになるかは、この高校入学委員会からの回答を待たなければならない。

基礎科目で「可」に達しなかった中学生にも、高校進学の道は開かれている。毎年、夏休みには、「落ちこぼれ」となった卒業生を対象とした一ヵ月の有料補習授業がコミューンによって開講される。補習授業では、国語（スウェーデン語）、英語、数学の基礎科目のみが行われ、「落ちこぼれ」生徒たちは、卒業時に「可」に達しなかった基礎科目の補習授業を受けることができる。そして、補習授業終了時に「可」の成績がとれれば、ほかの中学生と同様に高校の全プログラム課程に進学することができるようになっている。

このように素晴らしいシステムだが、私を含めて多くの同僚たちは、この夏期補習授業に関してはあまりよい印象をもっていない。

他校で、国語（スウェーデン語）の最終成績に「不可」がついた生徒がいた。最終成績（中学三年間の総合成績）で「不可」になるくらいだから、よほど授業をさぼったか、非常に不真面目であったかである。毎学期に行われる三者面談においても教員は、現状では「可」に達しない成績であることは説明したであろうし、毎学期の中間に行われる成績会議でも「不可」を言われ、「不可警告」（五八ページ参照）を郵送していた。それを受け取った生徒の母親は、教員の成績のつけ方が間違っていると校長に抗議をした。それを受けて、教員は生徒の成績を母親に見せ、成績基準では「可」にも程遠いことを説明した。

ところが……である。わずか一ヵ月の夏期補習授業で、この生徒の成績が「不可」から一気に「優」になったのである。仮に、この生徒が一ヵ月間非常にまじめに勉強をしたとしても、総合成績の対象である中学三年間の成績が一挙に「優」になることはまず考えられない。しかも、一ヵ月で国語の全分野を勉強することは不可能である。

この夏期補習授業で成績をつけたのは、夏のアルバイトとして代用教員を務めたほかのコミューンに勤務する教員であった。生徒の最終成績に「不可」をつけた教員は、この生徒の母親からさんざん嫌味を言われたということである。

中学の卒業時に基礎科目（国語、英語、数学）の一つあるいは複数科目が「不可」であり、夏の補習授業に行かなかった、あるいは行っても「可」がもらえなかった生徒は、三年制の学科には進学することができない。しかし、それでもまだ高校生となる道が開かれている。それは、生徒一人ひとりのニーズに合わせた一年～四年制の個人課程科(9)である。個人課程科では、一グループ一〇人以下の少人数制で、国語、英語、数学の三科目だけを勉強し、ほかの時間は生徒の希望に応じた科目（木工、建築、乗物、農業、芸術など）や企業での労働実習のカリキュラムを組んでいる。また、スウェーデン語が不自由なために三年制の高校に入学できない外国人の青少年のためにも、一年～四年制の個人課程科が用意されている。

入学試験がないため、日本の中学校で見られるようなクラスで何番、学年で何番といったような競争はスウェーデンの学校では生じることがまったくない。もともと勉強というのは自分のためにするものであって、他人と比較してその優秀さを競うこと自体がおかしい、と私は思っている。しかも、学校を出た時点で勉強が終わるわけではないし、自分の趣味や興味、仕事上の必要性に応じて自分に適した生涯学習を行えばよいと私は考えている。

(9)　高校で決められたプログラム（自然科学プログラム、経済プログラムなど）に入学するのではなく、生徒個人に合わせたカリキュラムを構成している。高校においては、国語、英語、数学の三科目だけを勉強し、残りの授業時間には学外労働実習を行う。

第4章

やっぱり、こっちのほうが楽しい課外活動

学校にクラブ活動はない

日本の学校には、野球部をはじめバスケットボール部、サッカー部といったスポーツクラブ活動と吹奏楽部や演劇部といった文化クラブ活動があるが、スウェーデンの学校にはそのようなクラブ活動はない。したがって、教員がクラブ顧問になることもなければ、クラブ活動に時間をとられることもない。

では、スポーツや文化活動に興味をもつ生徒たちの面倒を誰がみているのか？　それは、コミューン内にある各種スポーツクラブやカルチャークラブであり、小・中学生レベルのスポーツ活動では、監督、コーチ、物資運搬係などのすべての世話係はボランティア活動として保護者たちが行っている。第6章で詳しく述べるアイスホッケーの活動もすべてが保護者たちによって支えられており、毎日の練習をはじめ、週に二度の練習試合（ホームおよびアウエイでの試合が一試合ずつ）の面倒もすべて保護者たちがみている。小・中学生の練習開始時間は午後四時であったり五時であったりするため、世話係の保護者たちは会社を早退して練習の面倒をみることになる。

私も会員となっている「ベーリンゲ・スポーツクラブ（Bälinge　IF）」の活動を紹介すると、以次のようになる。

ベーリンゲはウプサラ郊外にある住宅地で、私がこのスポーツクラブの会員になったのは、以前に勤めていたビヨルクリンゲ中学校のときであった。なぜ、私がこのスポーツクラブの会員になったかというと、私が教えていた生徒たちの多くがベーリンゲからバスで通ってきていたし、私の好きなウインタースポーツの一つであるクロスカントリー・スキーがこのスポーツクラブにはあり、私の同僚がその世話係をしていたからであった。毎年、三月の第一日曜日に行われる九〇キロメートルのスウェーデン最大のクロスカントリー・スキー大会である「ヴァーサ・ロッペット(9)」には世界中から約一万五〇〇〇人のスキーヤーが出場するが、スウェーデン国内でエントリーするには、スウェーデン・スキー連盟に加盟するどこかのスポーツクラブに所属し、スキーヤーとしてのライ

ヴァーサ・ロッペットの完走証書

(9)　**Vasaloppet**。ヴァーサ・ロッペットは、のちにスウェーデン建国の父となったグスタヴ・ヴァーサが、一五二一年、デンマーク軍に追われてノルウェーに向かって逃げた際、スキーと一本のストックで逃げ延びたという言い伝えを記念して、一九二二年から開催されているクラシカル・テクニックのクロスカントリー・スキー大会のこと。完走許容タイムは一二時間で、完走者は、全出場者の一万五〇〇〇人うち、約一万三〇〇〇人に達する。

センスを保有していなければならないというのもここの会員になった理由である。また少し余談になるが、これは非常に嬉しい出来事なので是非述べておきたい。それは、クロスカントリー・スキーの世話係をしていた同僚ヘレーナ（Helena）の娘ブリッタ（Britta）についてである。

ウプサラは緯度からすれば日本付近ならカムチャッカ半島のつけ根付近にあり、そのため冬はさぞかし寒く、積雪量もかなり多いのではないかと思われるかもしれないが、実際には気温は零下一〇度までであり、寒い冬でも零下二〇度が一週間も続くことはまずない。積雪量は地球温暖化の影響もあってか、最近では一〇センチも積もればいいところである。したがって、クロスカントリー・スキーの練習をするとなると、週末にバスをチャーターし、ジュニアチームやシニアチームと一緒に遠くのスキー場に二泊三日や三泊四日の日程で合宿練習に行くことになる。

私が初めてブリッタに会ったのは彼女が小学校四年のときで、ウプサラが所在するウップランド（Uppland、県に相当する）においては、すでに小学生のレースではライバルがいないというほど優秀な成績を収めていた。私はこのとき、ヴァーサ・ロッペットを四回経験していて、まあ何とか人並みにスキーができるようになっていた。私たちは合宿の最終日にはいつも三キロメートル程度のレースを行ったが、この小学校四年のブリッタに私は一度も勝ったことがなかった。毎回、完敗であった。スキーのテクニックと、彼女の負けず嫌いの性格がもたらした結果である。

彼女はその後、スウェーデン北部にあるスキー高校（スキーをテーマとし、カリキュラムに組み込んだ高校。スウェーデン・クロスカントリー・スキー界のエリート選手は大抵ここを卒業している）に入学し、卒業をした。ウップランドにおいては中学時代も無敵の強さを誇ったブリッタではあったが、やはり全国のレベルから見れば上には上がいるためか、高校時代にはトップグループにも入れなかった。

しかし、高校を卒業したシニア一年目の二〇〇四年、スウェーデン・クロスカントリー・スキー選手権で、ブリッタは世界選手権にも出場する強豪スキーヤーたちを抑え、スプリント部門で堂々三位に入賞したのである。このレース後、元同僚のヘレーナにお祝いの電話をすると、「ブリッタは、二〇〇六年にイタリアのトリノで開かれる冬季オリンピックの強化選手に選ばれている」という母親の嬉しそうな声が返ってきた。

ベーリンゲ・スポーツクラブには、活動部門が四部門ある。男子サッカー、女子サッカー、スキーおよび卓球である。サッカーに興味をもつスウェーデン人なら（サッカーはアイスホッケーとともにスウェーデンを代表するスポーツ）、ベーリンゲ・スポーツクラブの名を聞いたことのない人は誰もいないほど女子サッカーチームは有名である。ここの女子チームは、スウェーデンの女子サッカーリーグの一部リーグで活躍をしており、選手のなかには世界選手権やヨーロッパ選手権に出場する選手もいて、小学生の女子生徒のあこがれの的となっている。

二〇〇三年度の男女のサッカー部門を見てみると**表9**のような構成になっているが、ここでも、少年少女チームにおいては保護者がすべてボランティアでコーチや世話係を務めている。

校外スポーツ活動の日

スウェーデンの学校には運動会もない。その代わり、私の学校では、毎年、オリエンテーリング大会、陸上競技大会、バスケット大会などを開催しているが、保護者が見学に来たり、参加をしたりということはない。学校によっては、クラス対抗のサッカーの試合や、教職員と生徒たちとの各種対抗試合を行っているところもある。

小・中学校では女性の教員が圧倒的に多いため、生徒たちとのバスケットやサッカーの試合ともなると、私まで無理やりに引っ張り出されることになる。体育の教員を除けば同僚たちは大抵素人であり、技量的にはみんな似たようなものである。それでも、対抗試合では大抵教員

表9　ベーリンゲ・スポーツクラブのサッカー部門

男子サッカー部門	女子サッカー部門
成人A（1軍）チーム	成人A（1軍）チーム
ジュニアチーム	成人A2（2軍）チーム
ベテランチーム	女子17歳チーム
1988年生まれの少年チーム	女子16歳チーム
1989年生まれの少年チーム	1988年生まれの少女チーム
1990年生まれの少年チーム	1989年生まれの少女チーム
1991年生まれの少年チーム	1990年生まれの少女チーム
1992年生まれの少年チーム	1991年生まれの少女チーム
1993年生まれの少年チーム	1992年生まれの少女チーム
1994年生まれの少年チーム(1)	1993年生まれの少女チーム
1994年生まれの少年チーム(2)	1994年生まれの少女チーム
1995年生まれの少年チーム	1995年生まれの少女チーム
	1996年生まれの少女チーム

チームが勝つから不思議である。

　生徒たちはバスケットやサッカーのクラブで毎日練習をしているので、個人個人の技やスピードの点ではとても教員チームは歯が立たないが、チームワークの良さで勝っている。おそらくこれは、動きの鈍い教員チームを生徒たちが甘く見ていることと、個人技でいいところを見せようといったヒロイズムが、生徒たちに多くのミスをさせているのだと思う。

　一月下旬から二月上旬には、ウインタースポーツの日が計画される。この日一日は、中学生全員が何だかのウインタースポーツを楽しもうという日である。多くの生徒たちはスキーやスノーボードを選ぶが、ウプサラ付近にはまったく山がないため、何台ものバスをチャーターして、約二〇〇キロメートル離れたスキー場に出掛けることになる。普段の日には八時半の始業

冬の校外スポーツ活動の日

時間に遅刻をする生徒たちも、この日ばかりは誰一人として文句を言うこともなく、七時一五分の集合時間に学校にやって来るから不思議である。

この日に計画されるほかのウインタースポーツとしては、郊外の湖で湖上を滑る長距離アイススケートや、氷に穴を掘り、氷上で行うアボレ釣り（一一〇ページを参照）や小さなソリで丘を滑り下りる雪すべり、そのほかには一〇キロメートルの散歩などがある。最近の傾向として、「体を動かすのが面倒」であり、「早く家に帰れる」からという理由で散歩を選ぶ生徒たちが増えてきたのは悲しいことである。

ルシア祭

冬休みを一週間後に控えた一二月一三日には、スウェーデン全土の幼稚園や学校、職場、老人ホーム、各種団体などで、光の祭典である「ルシア祭」が開かれる。各コミューンでは、地方新聞社が主催者となってそのコミューンのルシアを一般投票で決定する。ルシア姫に選ばれた少女は、白い衣装に身を包み、頭にはローソクを冠状につけて女性のお供を多く従えて行進する。お供たちも白い衣装に身を包んでローソクを手にして、ルシア祭やクリスマスの歌を歌う。一二月一二日にノーベル賞を受賞した人たちが、一三日の早朝に、宿泊している「ストックホルム・グランドホテル」でルシア姫の訪問を受けるのも毎年の恒例行事である。

ルシア祭の起源に関しては多くの説があるが、中世ドイツの風習が一七〇〇年代初期に南部スウェーデンに伝わり、それがウプサラやルンドの都市で大学生の祭りとして広まり、一九二七年、公式の第一回目のルシア祭がストックホルムで開催されて、それを契機としてスウェーデン全土に広まったというのが通説である。

私の学校のルシア祭は、ウプサラ大聖堂や大学のすぐそばにある小さな教会で行う習わしがある。この教会は、一三〇〇年代初期に建てられた由緒ある石壁の教会である。

学校のルシア姫は、中学三年生の女子生徒のなかから選ばれるわけだが、まず三年生の各クラスから二人ずつ、合計八人の候補者を選び、中学生全員の「投票」によってルシア姫を選出する。女生徒にとってはルシア姫になることは非常に名誉なことであり、そのため、クラス内

ルシア祭は、クリスマス休みを前にした美しい光と歌の祭典である

において候補者を二人に絞るのにも投票で決めなければならないほどである。

普段、伝統や風習というものに関してはまったく興味がない中学生たちも、ルシア姫に関しては童話や絵本の挿絵からか、小さいころからの習慣によるためか、毎年、長い金髪の女子生徒を選んでいる。しかし、二〇〇三年度の学校のルシア姫は、投票によってではなく候補者のなかから抽選で選んだため、例年とは少し異なり、金髪ではあるが髪の短い女子生徒が選ばれた。

毎年一二月に入ると、ウプサラの新聞社である〈ウプサラ・ニーア・ティードニング〉が主催するウプサラ・コミューンのルシア姫コンテストが行われる。ここでも、長い金髪の女子高校生たちがルシア姫の候補者として新聞紙上をにぎわせている。

ウプサラ大聖堂（Uppsala domkyrka）

高さ118.7メートルの北欧最大の教会で、街の中心を流れるフィーリス川（Fyrisån）の西側にそびえ立つ。1273年に礎が置かれたというが、年号は定かではない。大聖堂にはスウェーデン建国の父であるグスタヴ・ヴァーサ（Gustav Vasa, 1496〜1560）の棺がある。また、大聖堂には、1100年代からの織物や布地を展示した博物館があり、世界的に有名である。

（写真提供：スカンジナビア政府観光局）

学校のルシア祭でルシア姫の行列に参加する「ルシア合唱隊」には、男女問わず中学生なら誰でも参加ができるが、毎年、女子生徒が四〇人を超えるのに対して男子生徒はせいぜい五～六人にしかいない。普段、学校では大声を上げて話をする男子生徒たちも、人前では歌う勇気のない恥ずかしがり屋が多いのだろう。

ケーキ大会

春学期、イースター（復活節）休みの前週に私の学校では「ケーキ大会」がある。これは、一五人の生徒たちから成る各指導担任のグループ（四三ページを参照）ごとにケーキをつくり、その出来映えを競うというもので、私の学校の春の伝統行事となっている。そして、このケーキ大会は、国会（生徒会）の委員会である「イジメをなくす委員会」が主催している（三二ページ参照）。ケーキの出来映えももちろん大切であるが、「イジメをなくす委員会」の委員たちが各教室を回り、グループのメンバー同士の協力具合やグループの和をチェックし、それらも採点の重要な対象となっている。

ケーキづくりに与えられた時間は二時間で、時間内にできなかったグループは失格となる。そのためには計画性が必要となるため、グループごとのホームルームの時間にアイデアを検討し、必要な食器類や材料を書きだし、誰が何を用意するかをあらかじめ決めておかなければならない。

私の学校には家庭科教室がないため、ケーキをつくるのに必要な道具――大きな盆、ボウル、生クリームの泡だて器（電気泡だて器を持ってくるグループもある）、生クリーム用のヘラ等々――はすべて各家庭から持ち寄らなければならない。ほとんどのグループがケーキの土台となるスポンジは市販のものを使用しているが、稀に家庭で土台を焼いて持ってくるグループもある。ケーキの工夫もさまざまで、食紅《しょくべに》を使ってマジパン（アーモンドと砂糖でペースト状にしたもの）に着色をしたり、図柄をケーキに乗せ、その上に篩にかけたココアをまぶして図柄が浮き上がるようにしたりと、ケーキ職人顔負けの製法を駆使しているグループもいる。

こうして二時間後、でき上がったケーキは学校の食堂内に展示され、品評会が開かれる。上位三位のグループには、「イジメをなくす委員

各グループが腕を振るってつくったケーキの展示会

会」から賞状が授与される。そして、展示会や表彰式が済めば、ケーキはグループごとに教室に持ち帰って、反省会を兼ねてみんなで一緒にケーキを食べることになっているのだが、私のグループのケーキは衛生面で大いに疑問があり、そのため、よほど図太い神経のもち主か、強い胃のもち主でなければ敬遠するのが伝統となっている。イースター休みを前にした、楽しい一日である。

終業式で私がもらった表彰状

スウェーデンの中学校での終業式（秋学期が終わり、クリスマス休みに入る一二月二〇日ごろと、春学期が終わり夏休みに入る六月一〇日ごろ）には、日本の中学校のような緊張した雰囲気はまったくない。制服がないことも理由の一つかもしれないが、これからやって来る休みに宿題がないこともあって、生徒たちが生き生きとしているからかもしれない。

私の学校では、終業式の進行係は国会の「快適委員会」（三四ページを参照）の生徒たちが行うことになっている。テーマクラス（第6章を参照）の生徒たちによるジャズダンスや、のど自慢よろしくポップ音楽を歌ったり、生徒たちによるロックバンドやピアノの演奏があったりして、日本の学芸会のような雰囲気の終業式である。ちなみに、ロックバンドが演奏を始めると、生徒たちは椅子から立ち上がって、食堂兼講堂はコンサート会場に変身してしまう。

これらの「学芸会」が終われば校長の挨拶があり、その学期内に学校内外の各種コンクール（作文、絵画、スポーツなど）で優秀な成績を収めた生徒たちを表彰し、クリスマス休み前にはクリスマスの歌を、そして夏休み前には夏をテーマにした歌や賛美歌を全員で合唱をして終業式は終わる。そして、生徒たちは各教室に戻り、二年生以上はクラス担任から成績表をもらって休みに入るわけである。

数年前の終業式のとき、当時の国会が教員たちに対して表彰式を行ったことがあった。生徒会会長が賞の理由を読み上げて、表彰される教員を一人ひとり壇上に呼んで表彰状を手わたしたのである。

まず「ベストドレッサー賞」、これは絶対に私でないことを先に言っておく。終業式や保護者会の日は背広を着るようにしているが、普段、私は化学薬品や動物に囲まれているのでジーンズとスポーツシャツに釣用のジャケットといった様相で、「ベストドレッサー賞」からはかなり遠い。私の学校は保守的な学校であるが、それでも男性職員は大抵みんなジーンズ姿である。それに比べて語学関係の女性教員たちは、今からパーティにでも出掛けるのかと思えるようなロングドレスにハイヒールで授業を行っていることが多い。同じ理科系の同僚のなかにもこのような服装の女性教員がいて、校内を並んで歩くのも気が引けるぐらいである。この年の「ベストドレッサー賞」は、私の推察通り理科系の同僚に手わたされた。

次は、「学校創立七〇周年記念祭でもっとも頑張った賞」。この年、私の学校は創立七〇周年を迎え、生徒たちによる劇や音楽、展示会などの記念祭があり、練習時間を守らない生徒たちに非常に苦労しながらも、素晴らしい劇を監督した美術の女性教員に賞が手わたされた。

そして最後に、「学校内でもっともユーモアがあり、そのチャームで女子生徒を虜にしている先生賞」。私の同僚たちはユーモアのある連中が多いため、数人の名前が私の脳裏を走った。しかし、「そのチャームで女子生徒を虜にしている」というような同僚はちょっと見当がつかなかった。

「この賞をもらうのは……ミキオ・ウーノ！」、「えっ、私？」。

拍手と口笛と大歓声のなかでもらったこの賞状は、額に入れて大切に今も壁に飾っている。

では、なぜ私がこの賞をもらうことになったのか？　詳しいことは当時の国会に聞いてみなければわからないが、私は生徒たちと冗談やダジャレを言いながら授業を進めるのが好きで（ただし、多くの同僚も同様であるので、これが理由になったとは考えられない）、休憩時間の校内見回り係や昼食時の食堂整理係のときなども、男女の別なく生徒たちとワイワイ言っているという、おおよそ教員らしくない教員であ

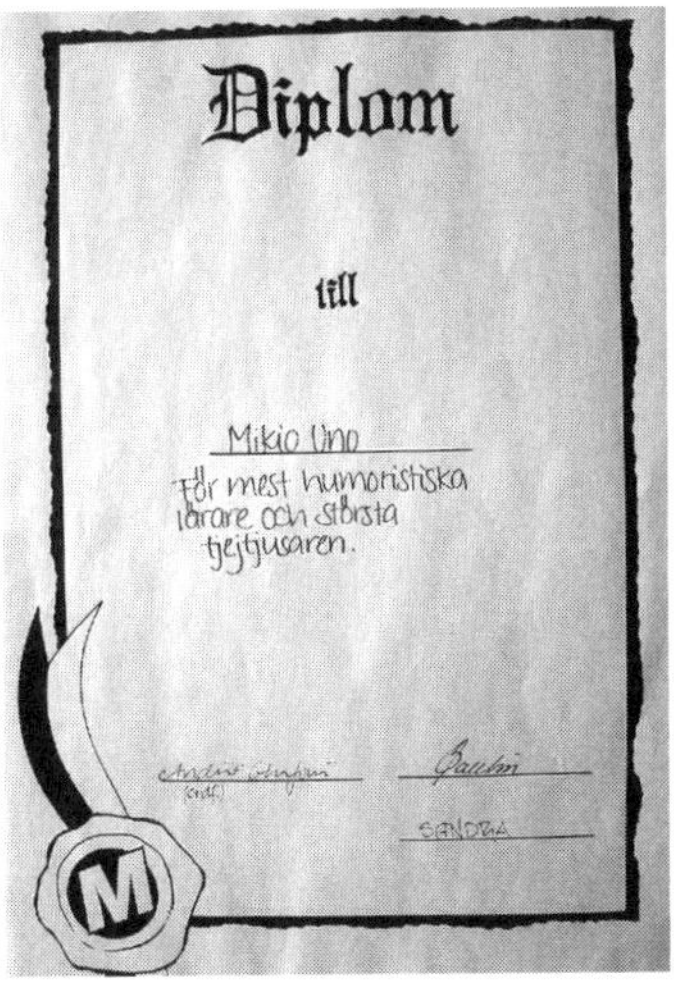

終業式に国会から貰った表彰状

るのがその理由かもしれない。ただ、一つだけ理由を挙げるとすれば、学校創立七〇周年記念祭の生徒劇に、知り合いの警察官から制服と制帽を借りて警察官の役として出演したのが生徒たちに受けたのかもしれない。

校外学舎とクラス旅行、そして修学旅行

クラス単位で泊まりがけで行く旅行には二つのタイプがあり、一つは「校外学舎」と呼ばれ、もう一つは「クラス旅行」と呼ばれている。

「校外学舎」とはどういうものかというと、学校内でできないような社会見学や社会勉強を旅行先で行うというものである。通常は、四泊五日程度[10]で計画され、あらかじめ、旅行先の産業（社会学）や歴史（歴史）、自然や環境（生物学）などを学校で勉強しておき、現地では見学や採集、観察を行う。旅行中の毎日の出来事は日記に書きとめておき、後日、国語の時間に「校外学舎の思い出」として作文を書くことになっている。もちろん、教科書を持参する必要はまったくなく、旅行中の活動計画およびそれらの活動と教科科目との関連を明記して校長に提出し、承認を得たうえで行っている。

この「校外学舎」では、学級担任が引率責任者となり、生徒がもし事故に遭った場合には学校の責任となる。しかし、「校外学舎」は学校が行わなければならない義務教育の行事ではないた

め、旅行にかかる一切の費用は生徒側の負担となる。一方、学級担任のほうはというと、学校外勤務をするために出張手当が出ることになっている。

学校では、「校外学舎」の期間中、この教員が受けもっているほかのクラスの授業のことを考えて代用教員を雇うことになる。もちろん、学級担任は、代用教員のために授業の準備をしてから出掛けなければならない。学級担任は「校外学舎」によって生徒たちとの思い出を深めることができるので私は非常に好きだが、夜遅くまで起きている生徒たちのおかげで必ず寝不足となる。だが最近では、学校財政の悪化のために「校外学舎」を実施しない中学校も多くなってきた。

一方、「クラス旅行」のほうはというと、保護者たちが責任者となってクラスを引率して行うプライベートな旅行である。プライベートな旅行であるから、旅行中に生徒が事故に遭っても学校にはまったく責任はなく、学級担任も参加する義務がない。ただし、クラスの生徒たちや保護者たちに招待されて参加する場合には、旅行期間の休暇届けを校長に出して「ＯＫ」のサインをもらわなければならない。もちろん、その期間中の給料は差し引かれ、旅行中に行う予定となっていたほかのクラスの授業については、代用教員のために計画表やプリントを作成しなければならない。

---

(10)「校外学舎」も「クラス旅行」も、原則的には日数に制限はない。旅行費用や付き添いとして参加する父兄が、職場で何日間の休暇が取れるかによってその日数が変わってくる。

引率者としての責任はなくとも大人としての責任はあり、そのためクラスや保護者たちから招待をされても、感謝をしながらも全員が断ることになる。それに、それぞれの教員の頭のなかは、給料を差し引かれてまで行う旅行ではない、と思っている人が大半だといえる。

さて、日本の中学生たちが学生生活のなかで一番楽しみにしている修学旅行だが、スウェーデンには学年全体で旅行をするという修学旅行はなく、今述べたように、各クラスが好きなときに好きな所へ「校外学舎」または「クラス旅行」の一環として旅行に出掛けている。かつては、旅行先がスウェーデン国内にかぎられていたが、最近ではほかのヨーロッパ諸国に出掛けていくクラスも多くなってきた。

これらの旅行費用は保護者が出すのではなく、社会勉強の意味も兼ねているため、原則として生徒たちが何らかの経済活動を通して稼ぐようにしている。もちろん、旅行に参加する教員や付き添いの父兄の旅費もクラス持ちである。旅行費を稼ぐ手段の一つは、「クラス旅行の費用を稼ぐお手伝いをします……」というキャッチフレーズのもとに、全国の小・中学校に郵送されてくる多数のパンフレットである。ビスケット何缶を売ればいくらのマージン、靴下を何足売ればいくらのマージンといったことが書かれてあるパンフレットなどを集めて、ホームルームの時間に検討をすることになる。そして、比較的売れそうなビスケットや靴下、ネクタイなどを各種販売会社から大量に買い込み、一人何缶、一人何足というようにノルマを決めて隣近所の家庭に売り込みをかけるのである。すべてを売り切らないと予算が達成できないため、使いもしないネクタイを無理やり何本も買わされた父親たちがたくさんいるはずである。

学校のなかでもこの商売は行われ、職員室にも生徒たちがよく売りにやって来る。それだけでなく、他校の生徒たちも私の住むアパートにまでやって来て、「クラス旅行の費用にするので……」と懇願してくる。私の生徒たちも同じ苦労をしていることを思うと、ついビスケットや靴下を買ってしまう。これも、教員としての人情であろうか。

多くの場合、これらの旅行は中学三年生で行うことになっているが、これを新学年が始まったばかりの秋学期の初めにするか、卒業間近な春学期の終わりにするかによって予算にかなりの差が出てくる。春学期にすれば、秋学期に比べて少なくとも六ヵ月間以上の「金儲け期間」があるためクラス旅行資金が潤うことになる。一方、秋学期の初めにすると、旅行資金を稼ぐ余裕はないが、クラス全体が旅行を通して非常に親しくなるため、中学校の最後の一年間を明るく楽しい雰囲気で送ることができるというメリットがある。

しかし、秋学期に旅行を行うとなれば、中学二年の春学期が終了する夏休み前にはホームルームや保護者会でクラスや保護者たちの意見をまとめ、旅行の予約を済ませておかなければならない。秋学期には二週間の学外労働実習（一六六ページを参照）があるため、旅行計画は当然、その期間を外して立てることになる。秋の早いスウェーデンではあるが、八月下旬や九月上旬ならばまだ水温も比較的高く、湖や海で泳ぐことができるので、生徒たちにとっては夏休みの延長のように思えて好評である。

一方、春学期に行うとなれば、中学校での最終学期である春学期には国語（スウェーデン語）および数学の全国一斉試験が数回に分けてあり、しかもどの教科においても、より正確な最終成績を出すために五月中旬から下旬にかけては試験やレポートの提出があり、そのうえ、数多くの休日[11]があって学校の授業活動がたびたび中断されるという現実がある。このような春学期に旅行を組むと、週に一時間しか授業がない美術や音楽では、ただでさえ少ない授業時間をさらに減らしてしまうことにもなり兼ねず、教科担任からは恨まれることにもなる。

自分の担任のクラスでなくても、ほかのクラスの旅行に招待されることもある。もちろん、費用はそのクラスが払ってくれる。私がこれまでに招待されて同行した旅行のなかから、思い出深いものを一つ紹介してみたい。

私は、ソッレンチューナ・コミューンのローテブルー中学校（Rotebroskolan）で、あるクラスの数学、生物、化学、物理、そして技術の授業を中学一年生のときから受け持っていた。非常に優秀な明るいクラスで、毎時間が楽しい授業であった。このクラスで、中学三年の四月に、世界アルペンスキー大会の会場にもなったオーレ・スキー場に五日間にわたってスキーに行くことになった。

当然、このクラスでもさまざまな方法でクラス旅行の資金を貯めていた。そのうちの一つの方法は、今までほかのクラスが考えもつかないものだった。自分たちで夕食会を計画し、そのチケットを家族や知人に売るというものだった。彼らは、家庭科教室で料理をつくり、そして教室を雰囲気のよいレストランに模様替えをし、フルコースの料理を出したのである。そのうえ食後に、生徒たちは学校の講堂で参加者に歌やダンスを披露した。この旅行に招待されている私も、タダで招待されるのは気が引けるので、下手の横好きであるギターを弾いて、このスキー旅行で起こるであろう内容の歌を作詞して歌った。私にとっても「初舞台」で緊張したが、自分では想像以上にうまくいったと思っている。この初舞台に味をしめた私は、以後、調音されてないギターと歌（ここでは「へた」と読む）を毎学期の終業式にみんなに聴かせることになった。

五日間の楽しいスキー旅行を無事に終え、私たちは汽車で帰途についた。しかし、汽車は途中、故障のために約二時間にわたって立ち往生するハメになってしまった。このクラスには、みんなをまとめることのうまい優秀な女子生徒が何人かいた。彼女たちはクラスの全員をリードし、車両のなかで合唱を始めた。学校で習う唱歌や誰もが知っているポピュラーな歌を歌い、同じ車両

（11）　ウインタースポーツ休み（九日間）、イースター休み（一〇日間）、キリスト昇天節休み（四日間）、聖霊降臨祭の休み（三日間）など。日数は、土曜、日曜日を含めた連続休みの数。

オーレ・スキー場（Åre）

スウェーデン最大のスキー場。1954年の世界アルペンスキー選手権大会をはじめ、ワールドカップの回転および大回転競技大会が毎年のように開催されている。この二つの競技の代表的スキーヤーといえば、1956年生まれのイングマール・ステンマルク（Ingemar Stenmark）である。若干17歳でワールドカップにデビューし、1989年に引退するまでの間に通算86勝（回転40勝、大回転46勝）という前人未踏の大記録をつくり、1976年〜1978年には、3年連続でワールドカップ総合優勝を遂げた。1978年の世界選手権および1980年のレーク・プラシッド冬季オリンピックでは、回転、大回転の2種目で金メダルを獲得している。

2007年には、オーレで再び世界アルペンスキー選手権大会の開催が決定されている。かつて、近接するエステルスンド（Östersund）とともに1994年の冬季オリンピックの候補地として立候補したが、ノルウェーのリレハンメル（Lillehammer）に開催地をさらわれた。

クラス旅行でスキーに行った「仲間達」

に乗り合わせていた人たちをもその合唱の輪に呼び込むこととなった。

私は、生徒たちが降りるストックホルム中央駅の一つ手前のウプサラ駅で降りるため、列車がウプサラに近づいたときに、私は旅行に招待されたこと、そして非常に楽しい五日間であったことを述べて、生徒たちに感謝した。車両の出口に立って列車が停止するのを待っていると、同じ車両に乗っていた人が、「あなたは、あんなに素晴らしい生徒たちをもって幸せだね」と私に話しかけてきた。このとき、私は目頭が熱くなり、本当に涙が出るほど嬉しかった。今まで行った数多くの旅行のなかでもっとも楽しく、素晴らしい旅行であったことは言うまでもない。

職員のための「課外活動」

学校は教育の場であるが、少なくとも一学期に一度は、職員のための「課外活動」ともいえる「懇親パーティー」の会場に変身する。何かテーマを決めての仮装パーティーになることもあるし、パーティー係だけがテーマを知っていて、参加した人たちを驚かせることもある。もちろん、学校にそのためのパーティー会場などはないため、大きな集会室や学校図書館を使用することになる。私は教員になった当初、ほんの数時間前まで生徒たちにアルコール問題について話をしていた学校内でビールやワインを飲むことに抵抗感があった。私の同僚たちは、そのような「日本人的（？）モラル」をもった私を、きっと「変なヤツだ」と思っていたに違いない。

現在、私が勤めているヴァクサラ中学校でのパーティーでは、歓迎カクテルに始まり、レストラン（テーマにより、料理はイタリアンであったり、フランス料理であったり、海鮮料理であったりする）から取り寄せた前菜、メインディッシュ、デザートをヴァイキング方式で食べるというのが通常であり、飲物は各人が好きなものを持参することになっている。パーティーでの雰囲気を考えると、やはりビールよりも赤ワインに人気が集まる。

食事中には、パーティーでよく歌われる歌を全員で何曲も合唱し、曲を歌い終わるたびに乾杯（スコール）をする。そして、デザートとコーヒーが済めば机や椅子を壁側に寄せて、ディスコテックの始まりである。

パーティーの始まる時間は、翌日のことを考えて（つまり、二日酔い）普通、金曜日の午後七時に始まるが、終わりの時間はいつも未定である。つまり、みんなそれぞれ、飲み疲れたころや踊り疲れたころに帰途につくことになる。「年寄り」連中で午後一一時、「若い連中」だと午前五時という同僚もいるのだから恐れ入るばかりだ。

以前勤めていたビヨルクリンゲ中学校での最初の職員パーティでは、同僚たちの音楽の才能に思わず感心させられた。レパートリーが優に一〇〇曲を超える、立派なダンスバンドがこの学校にはあったのだ。音楽を教えている教員がピアノを弾けるのは当然としても、木工の教員がエレクトーンを、社会科の教員がリードギターを、そして数学と理科の教員がベースギターを弾いて特別支援教員（七六ページを参照）がトランペットを吹き、校長がドラムを叩くのである。エレクトーンを弾く木工の教員は友人たちと別のダンスバンドをつくっていて、月に何度か週末にダンスパーティーで演奏を行っているし、リードギターを弾く社会科の教員も音楽のセミプロで、あちこちの老人ホームや保育所でギターを弾いて歌を歌っている。ベースギターを弾く数学と理科の教員は高校時代からロックバンドを組んで演奏しており、ギターだけではなくピアノ、バイオリン、バンジョー、バラライカなども見事に演奏する。この音楽への興味や才能はいったいどこから生まれるのだろうか？　彼らは口を揃えて、「それはコミューン音楽学校のおかげだ」と言っている。

　コミューン音楽学校では、小学生、中学生を対象として、コミューンが放課後に週に一度、

図書館であった職員パーティ。長テーブルを置くスペースがないので、6人から8人程度の小テーブルに分かれてくじで決めた席に座って食事をする。左端が当時の校長。

ウプサラ・コミューン音楽学校

ウプサラにあるコミューン音楽学校は1956年に創立され、現在、2,400人の小・中学生や高校生の音楽活動を支援している。ここで選択の対象となっている楽器を見てみると、その幅の広さに驚かされる。交響楽団の楽器すべてが、小学生からの選択対象に含まれているのである。

木管楽器：フルート、オーボエ、クラリネット、サキソフォン、ファゴット

金管楽器：ヴァルトホルン、トランペット、トロンボーン、チューバ、ユーフォニウム、バリトンサックス、アルトホルン

弦楽器：バイオリン、ビオラ、チェロ、コントラバス

打楽器：ドラム、プーカ、シロフォン、マリンバ、ビブラフォーン等々

これら以外にも、もちろん、ピアノ、ハープ、鍵盤ハープ(注)、ギター、エレキギター、エレキバスギター、ブロックフルート（縦笛の一種）も人気があり、選択できる楽器の対象となっている。音楽のジャンルもクラシック音楽、アフロ音楽、ジャズ、インプロビゼーション、民俗音楽と広範囲にわたり、独唱、音楽セラピー、音楽理論、コンピューターによる作曲、レコーディング技術、オーケストラ演奏、アンサンブル演奏、少年・少女・青少年混声合唱団と多彩な教育が行われている。１年間に開催されるコンサート数は、ウプサラ・コミューン音楽学校関係だけでも約350回にも達し、家族、友人、知人はもとより、一般音楽愛好家にもその成果を披露している。

（注）　スウェーデン独特の民族弦楽器で、スウェーデン語では「ニッケルハルパ（Nyckelharpa）」（nyckel は鍵、harpa はハープ）という。

一人当たり二〇分の個人レッスンを行っている。ここでは、ピアノやバイオリン、ギターといった一般的な楽器だけではなく、チューバやホルン、バスーンといった、普段はまったく手にすることがないような楽器に至るまでレッスンを受けることができる。もちろん、このような楽器もコミューン音楽学校で借りることができる。毎週のレッスンと楽器のレンタル料を含めて、一学期当たり一二〇〇クローネ（約一万八〇〇〇円）という安い費用で楽器に親しむことができるのである。

スウェーデンを代表するポップグループには、一九六五年に『霧のカレリア（Karelia）』で人気を集めたザ・スプートニクス（The Spotnicks）や、今はもう解散してしまったが、世界のポップス界で一世を風靡したアバ（ABBA）、最近ではアーミー・オブ・ラバーズ（Army of Lovers）、ロクセット（Roxette）などを挙げることができる。ポップ音楽にかぎらず、クラシック音楽のプレーヤーたちも小さいころからコミューン音楽学校でレッスンを受けてその才能を伸ばしていったにちがいない。

第5章

学校と社会との関係

学外労働実習

スウェーデンの中学校では、三年間に合計五週間の労働実習がカリキュラムのなかに組み込まれている。私の学校では、中学二年の春学期と中学三年の秋学期に二週間ずつの学外労働実習を行い、残り一週間は、学校内で用務員の助手、図書館司書や学校内の食堂での手伝いを三年間に分けて行っている。

学外の労働実習は、教育としての実習であるために生徒たちには給料は出ない。しかし最近、実習の最終日に何かプレゼントを実習生に与える労働実習所が増えてきた。それが生徒たちの間で口コミで広まり、非常に人気のあるところとまったく人気のないところがはっきりと分かれるようになってきた。

生徒たちに非常に人気がある実習場所は、マクドナルドを筆頭とするハンバーガーレストランやランチレストランである。何でも好きなものを食べさせてくれるので食欲旺盛な中学生たちには人気があり、これらの店はいつも抽選となる。レンタルビデオ店やレコード店、コンピューターや電気製品の店も男子生徒には人気がある。レンタルビデオ店では、毎日一本はビデオを無料で貸してくれるし、レコード店では一日中好きな音楽が聴けるから、というのがその理由である。

一方、女子生徒には美容院や幼稚園が人気がある。もちろん、美容院では客の髪を切ったりパーマをあてたりするわけではないが、大人のヘアスタイルやファッションに興味をもち始めた女子生徒たちにとっては楽しい実習場所らしい。また、幼稚園では、先生の助手として小さな子どもたちの遊び相手となり、食事のときなどに手助けをして楽しくやっているようである。

これらに比べて、食料品店や小学校はあまり人気がない。食料品店では、午前九時から午後六時までと毎日の労働時間が長いうえに、商品の並べ替えや段ボール箱の片付けなどの肉体労働が多く、こき使われているという感じがあるようだ。また、小学校の先生の助手も中学生には難しい。たとえば、クラスの算数の授業で手助けをするにしても、自分ではその問題が解けても、それをどのように小学生に説明をして理解させるのかが簡単にはできないからだ。

学外の労働実習では、生徒たちは毎日労働日記を書き、労働環境や労働条件、給料や労働組合といったことについて調べたり学んだりして、将来に向けた社会の学習をする。学校では「言いたい放題、やりたい放題」の生徒たちが、職場でのとるべき態度や人間関係を学んで学校に戻ってくる。生徒たちは自分の意見をもち、それを人前で発表することの大切さや、グループのなかにあっては一人ひとりに大切な役割があり、その与えられた責任を果たさなければグループがうまく機能しないこと、また職場では人に言われて動くのではなく、自主的に動かなければならないということを学んでくる。誰にでもできると思われるような仕事であっても、ある程度の学歴がなければ仕事につけないことを知ったせいか、学校での勉強態度が以前よりもまじめになったようにも思われる（これは私感である）。

中もいる。

もっとも、中学三年生にもなると、実習場所で夏のアルバイトを決めてくるチャッカリした連中もいる。

二〇〇三年の春学期から、中学一年生も両親の職場で一日の労働実習をすることになった。生徒たちは職場での労働環境や男女職員の平等さなどを調べ、それを社会科の時間に発表するのである。何らかの理由で両親の職場で実習できなかった生徒たちには、建築会社や市民劇場、大学病院への見学が計画された。大学病院では脊髄手術を窓ガラス越しに見学し、手術医が、生徒たちにマイクでわかりやすく説明をしながら手術を行ったということである。

以前、学級担任には、生徒たちの労働実習場所を訪問して、生徒や実習指導の責任者との懇談が義務づけられていた。ウプサラのような小さなコミューンなら授業の合間や放課後に自転車で行けばよいのであるが、以前に勤務していたストックホルム郊外のソッレンチューナ・コミューンのときは非常に面倒であった。大抵の生徒はストックホルムで労働実習を行っていたため、放課後になって電車でストックホルムに行き、さらにバスや地下鉄に乗り換えて実習先を訪問するのである。労働実習中の生徒たちはその職場の職務時間に従うのであるが、職場によっては午後三時を過ぎると生徒たちを帰宅させるところもあったため、時間をかけて訪問してもすでに帰った後であった場合もあり、がっかりすることもあった。

それでも、労働実習中の生徒たちを訪問するのは楽しい。普段、学校という一種の閉鎖社会に生きる私としてもいろんな職場を見ることができるし、学校内とはまったく違った生徒の一面を発見できることも楽しみの一つであった。私が訪問した場所で深く印象に残っているところは、一七八八年に建築されたストックホルム王立劇場[1]の舞台裏や、一本が一〇万円もするワインがメニューに載っている超一流のフレンチレストラン、競走馬（繋《けい》駕《が》速《そく》歩《ほ》）[2]の練習場といった、普段の学校生活からは想像もできない職場ばかりである。

オペレーション・一日労働

毎年、五月上旬、スウェーデン生徒機関[3]が主催する「オペレーション・一日労働（Operation Dagsverke）」が全国的に催されている。これは、スウェーデン全土の中学生がショッピングセ

（1）正式名は「Den kungliga dramatiska teatern」、通称「ドラマーテン（Dramaten）」。国民には、国民としての同一性および自尊心を、作家たちにはスウェーデン語を発展させる可能性を、そして俳優たちには劇場芸術を上演できる舞台を提供し、国民の嗜好や教養を高める目的でグスタフ三世により建てられた。

（2）（ス：trav、英：trotting）競走馬の後ろに小さな二輪の台車を取り付け、台車に座った騎手が馬を走らせる。競走馬は「トロット」と呼ばれる速足で走らなければならず、ギャロップで走ると失格になる。スウェーデンではギャロップよりも繋駕速歩に人気があり、競馬といえば普通「繋駕速歩」を意味する。日本でもかつては中央競馬でも行われていたが、一九六八年に廃止された。

ンターや一般商店、レストラン、ガソリンスタンドや家庭などで一日間労働を行い、その日の全収入額を開発途上国の学校建設のために寄付をするというものである。

「オペレーション・一日労働」は、一九六一年にコンゴ動乱の最中に飛行機事故で死亡したスウェーデン人のダグ・ハンマーショルド[4]国連事務総長の記念基金として開始されて以来毎年行われており、二〇〇〇年はガーナ、二〇〇一年はホンジュラスが寄付の対象国となった。二〇〇一年には、全国で約七〇〇〇万円の寄付金が集まったという。また、二〇〇二年はラオス、二〇〇三年はパラグアイが対象国となった。

この日は、原則的には学校は「休み」なのであるが、援助をしたくても仕事が見つからなかったり、仕事があっても一人当たり最低約一四〇〇円（二〇〇四年度には約二一〇〇円に引き上げられた）の寄付というノルマが課せられるために、「オペレーション・一日労働」に参加しない生徒たちもいる。学校では、そのような生徒たちのために特別授業を行うことにしているが、各学年とも数人となるため、授業とはいっても自由研究や宿題の手助けをする一日となっている。また、「オペレーション・一日労働」の前週の地理の授業では、スウェーデン生徒機関から送られてきたその年の寄付対象国についてのビデオや資料を基に、その国の子どもたちの生活環境に関する内容を取り上げたりして知識を深めるようにしている。

将来のための社会教育

学校は、単に理論教育だけを行う場所ではなく、生徒たちに実際の社会を勉強させる場所でもある。とくに、社会科においては、社会での出来事をテーマにして生徒たちに討論をさせ、自分の意見をもって、主体的に人前で述べられるような教育をスウェーデンの中学校では行っている。また、見学会や各種講演会といった、教科書からは得られない機会を通して、過去のことや現在の社会の仕組みなどを勉強するようにしている。

その代表的な機会が選挙である。スウェーデンにおける国会議員選挙での過去一〇回の平均投

（３）Elevorganisation。スウェーデン全国の中学校および高校の生徒たちを代表する機関で、政党色はない。生徒機関の目的は生徒のための民主的な学校をつくることにあり、各学校（生徒会）、各地域および全国組織的に活動を行っている。民主的な学校を実現するには教育システムの改革が必要であるため、政治家やマスメディアに対して働きかけを行っている。

（４）Dag Hammarskjöld（一九〇五～一九六一）。一九五三年、国連事務総長に就任。一九五六年のハンガリー動乱、スエズ戦争をはじめ、ラオス内戦（一九五九年）といった国際紛争時に事務総長を務める。武力紛争中の地域に国連軍を平和維持軍として派遣し、停戦の監視を行う国連和平方針を確立する。一九六一年九月コンゴ動乱の最中、現在のザンビアで飛行機事故により死亡。死後の一九六一年一二月、ノーベル平和賞を受賞する。ウプサラに墓地がある。

票率は八七・六パーセントであり、日本の過去一〇回の国会議員選挙の平均投票率（衆議院議員選挙六九・〇パーセント、参議院議員選挙六二・一パーセント）を考えれば、スウェーデン人の政治意識がいかに高いかが理解できる。これは、中学校の社会科で国会やコミューン議会の審議を傍聴しに行ったり、国会やコミューン議会の選挙の年には、生徒たちが街の中心部に建てられた選挙運動用の各政党の選挙事務所（選挙小屋）に政策が書かれたパンフレットをもらいに行き、それらを基にして各政党の政策を授業で比較したり発表するために、自ずと政治意識が高まっていくものと思われる。

また、選挙の前週には学校内に投票所をつくって、実際の投票とまったく同じ手続きを経て中学生たちに模擬投票を経験させ、ヴァクサラ中学校の生徒たちの政党支持率は、社会民主党〇〇パーセント、穏健党〇〇パーセントといったように、実際の選挙とまったく同じ方法で選挙結果を発表している。これらが理由で、生徒たちは中学生のときから自分の政治意見をもち、政治を身近なものに感じている。政治に興味をもちはじめた生徒のなかには、このころから各政党の青年部会に入党する生徒たちも出てくる。

そして、社会科の一教科である「宗教」の時間では、世界の五大宗教であるキリスト教（カトリックおよびプロテスタント）、イスラム教、仏教、ヒンズー教およびユダヤ教を勉強する。社会科の教員が講義授業をすることもあるが、生徒たちが宗教の教科書を読み、教科書の問題の答えをノートに回答し、それらを教員とディスカッション形式で進めていくことが多い。そして、各宗教を学校で勉強したあとにプロテスタント教会やカトリック教会、イスラム寺院（モスク）へ見学に行き、それぞれの僧侶や信徒たちから直接案内や説明を受けている。

「法律と権利」という教科では、現職の警察官が教壇に立って、盗みや建造物への落書きといった青少年にとって身近な犯罪例を挙げ、犯罪発覚後に犯罪者となった青少年にとられる措置を具体的に説明し、罪と罰に関しての理解を深めている。また、実際に行われている裁判を傍聴することによって司法の世界も体験する。

　中学三年生となった女子生徒たちは、家庭内暴力の被害者となった女性たちの「駆け込み寺」である「女性救急所[5]」に見学に行く。ここで彼女らは、夫の妻に対する暴力行為が毎年表面化し、報告されている件数だけでも膨大な数に上り、報告されないものも含めれば、その数

現職警察官による説明会

は想像を絶するものであることを教えられる。そのとき、男子生徒たちは「男性救急所」[6]に見学に行くわけだが、ここは主として、離婚時に子どもの扶養権を獲得できなかった父親や、子どもとの親交権の形式に不満をもつ父親が相談する場所であるため、男子生徒たちにとってはあまりパッとしないところのようである。

学校で生徒たちのために開かれた数多くの講演会のなかには、忘れることのできないものもある。それは、アウシュビッツのナチス強制収容所で終戦を迎え、スウェーデンに移住後、当時の模様を本にまとめた作家フェーレンス・ゲンデル[7]による講演会である。

スウェーデンには、第二次世界大戦中にヒトラーのナチスドイツのホロコースト（ユダヤ人絶滅計画）から亡命してきたユダヤ系住民や、戦後に移住してきたユダヤ系住民が数多く住んでいる。アウシュビッツへの鉄道輸送や強制収容所での模様、毒ガスによる大量殺戮、死体から出た脂を原料とした石鹸や骨を原料とした肥料、そして髪の毛からつくった布地……。ゲンデルは、一〇〇万人とも一五〇〇万人ともいわれるユダヤ人犠牲者の、決して忘れてはならない歴史の一ページを、死の収容所から生還した生き証人として生徒たちに語った。彼の一言一言には、教科書やテレビのドキュメンタリー番組からは感じることのできない重みが含まれており、講演を聴く者の心に深く鋭く刻み込まれた。

オロフ・パルメ首相射殺事件[8]

スウェーデンは、約二〇〇年近くもの間、戦争を知らない平和な国である（スウェーデンが最後に戦争をしたのは、一八一四年のカール・ヨハン一四世の時代）。その平和なスウェーデンを大きく揺るがす事件が、一九八六年二月二八日の夜、ストックホルムで起こった。オロフ・パル

（5）Kvinnojour。スウェーデン全土には一三〇ヵ所の女性救急所があり、約八〇〇〇人の女性が、男性に性的暴力を受けた女性の保護活動をボランティアで行っている。一九七八年に最初の女性救急所が開設され、コミューンからの補助金により運営されている。

（6）Mansjour。離婚や長期間にわたった同棲関係の破局などにより、精神的に、また社会的に危機に陥った男性を支援する団体で、危機を経験したボランティア男性が電話相談や面談を行っている。男性救急所は、コミューン社会行政機関からの補助金で運営されている。

（7）Ferenc Göndör（一九二八〜）。ハンガリー生まれのユダヤ人作家。著書として、『A-6171：あるユダヤ人の運命（A-6171：Ett Judiskt Levnadsöde）』（一九八四年）、『A-6171：私はアウシュビッツを生き残った（A-6171 Jag överlevde Auschwitz）』（二〇〇一年）がある（A-6171は、フェーレンス・ゲンデル氏のアウシュビッツでの捕虜番号）。

（8）Olof Palme（一九二七〜一九八六）社会民主党（Socialdemokratiska partiet）の元党首。国土交通大臣、学校大臣を歴任し、一九六九年、四二歳の若さで社会民主党党首に選出され、首相に就任する。一九六九年〜一九七六年および一九八二年〜一九八六年にわたり首相を務める。

メ首相が、夫婦で観に行った映画の帰り道に射殺されたのである。

このころ、私はストックホルム郊外のソッレンチューナに勤務していた。ストックホルム地区の学校は、ちょうどこのときウインタースポーツ休みの最中であった。私はこの事件を、同僚や友人たちと行ったオーストリアへのスキー旅行の帰りのバスのなかで、三月一日の早朝、当時の東ドイツ国内で聞いた。このニュースがラジオから流れると、バスのなかが「沈黙の世界」へと一変したことを今でもよく覚えている。

翌日から再び学校が始まり、校長による校内放送を合図に一分間の黙祷を行った。数日後、学校の体育館で追悼式が行われ、生徒たちは国際平和に尽くしたオロフ・パルメの功績を讃える詩や作文を読み、「平和のハト」[9]の死去を惜しんだ。

数週間後、一人の容疑者が逮捕された。この容疑者は、学校から歩いて五分とかからないところにあるアパートに住んでいた男であった。私は、この容疑者のことを新聞で読むまで何も知らなかったが、私が教えている生徒たちは彼のことを非常によく知っていた。彼はアルコールおよび麻薬の中毒患者で、電車の駅付近でよく喚き怒鳴り散らしていたために、生徒たちは彼を非常に恐れていた。

犯行時に現場に居合わせ、犯人の顔を至近距離から見たパルメ夫人は、面通しの際にこの容疑者を指摘したが、そのときに不備な点があったことからパルメ夫人の証言に疑問がもたれ、また犯行に使われた拳銃が見つかっていないことから証拠不十分で無罪の判決が下った。

この事件から一八年の年月が経ったが、犯人はいまだに逮捕されず、迷宮入りとなって終わってしまいそうな感じである。

二〇〇一年九月一一日の同時多発テロ

二〇〇一年九月一一日（火曜日）、アメリカ・ニューヨークで起こった同時多発テロによって多くの人々が犠牲になった。EUに加盟している諸国では、テロ犠牲者の冥福を祈り、九月一四日（金曜日）の正午から三分間の黙祷をすることになった。一分間の黙祷はこれまでに何度も経験をしたことがあったが、三分間にわたる黙祷は私だけでなく同僚たちにとっても初めての経験であった。

私は、毎週金曜日のこの時刻には食堂の監督係をしていた。監督係とは、食堂内での規律を守らない生徒や大声で話をする生徒に対して注意をする係である。食堂ではこの日、約一二〇人の生徒たちが食事をしており、彼らは用務員の合図で起立し、サイレンの音とともに三分間の黙祷

（9）オロフ・パルメは国際問題に関心が高く、一九八〇年のイラン・イラク紛争では国連の調停委員を務めた。また、軍備縮小および安全保障問題に関する国際委員会（通称：パルメ委員会）の委員長を務め、国際紛争の解決に尽力したことから「平和のハト」と親しまれていた。

SVENSKA DAGBLADET

LÖRDAGEN DEN 1 MARS 1986

Olof Palme död
Skjuten i natt

オロフ・パルメ首相暗殺を報じる〈スヴェンスカ・ダーグブラーデット〉（1986年３月１日付）

NSKA
BLADET

EN 12 SEPTEMBER 2001

USA under attack

2001年９月11日のアメリカでの同時多発テロを報じる９月12日付の〈スヴェンスカ・ダーグブラーデット〉

を行った。普段は話し声や笑い声ばかりが聞こえる生徒食堂であるが、このときばかりは本当に静かであった。

私は、黙祷をしながら上目づかいに食堂内を見回した。てっきり全員が起立をしていると思っていたら、中学二年生の男子生徒一人が座ったままで食事をしていた。私は、どうするべきか判断に迷った。彼が「普通の」スウェーデン人の生徒であったなら、黙祷の最中とはいえ、彼のところに行って起立を促したと思う。しかし、この生徒は、イスラエルの建国によって自分の土地を奪われて難民となったパレスチナ人の息子であった。それゆえ、この生徒が反米感情を抱いていることは容易に察せられた。私は、彼の意志を尊重して、彼の黙祷拒否を黙認することにした。そして、三分間の黙祷が終わって生徒たちは再び椅子に座って食事を続けたが、黙祷直後のことでもあり、食事中の話し声も普段ほど多くはなかった。

私は食堂での監督係を済ませ、職員室に戻ってすぐにこの出来事を同僚たちに話した。そして彼らに、もしあなた方が監督係であったならこの男子生徒をどのように扱ったかと尋ねた。同僚たちのほとんどが私と同じように黙認しただろうと答えたが、一人の社会科の女性教員が、三分間の黙祷はテロ行為を容認しないスウェーデンの平和主義の意思表示であり、それに賛同できない生徒は黙祷の間生徒食堂から出すべきであったと述べた。しかし、彼を食堂から出したとしても、すでに昼食を済ませて校庭に出ていた生徒たちはそこで黙祷をしていたはずであることから、結局、どの同僚にもその対処方法がわからなかった。

スウェーデンでは、多くの国からの難民や政治亡命者が住んでいるため、彼らの子どもたちを生徒にもつと、新聞の国際面やテレビの海外ニュースで取り上げられるような出来事が、活字やブラウン管というフィルターを通さないで、その詳細を生《なま》の言葉で知ることができる。

キリスト教国であるスウェーデンで、決して考えられない出来事が二〇〇二年一月二一日にウプサラで起こった。それは、ファディメという二六歳のクルド人女性が、ウプサラに住む妹のアパートで、母親と二人の妹の目の前で父親に射殺されたのである。マスメディアでは、この事件を「名誉を守るための殺人」として大々的に取り上げ、外国人の同化問題の難しさがスウェーデン中で論議された。この事件の背景にあるのは、新社会（西洋社会）のもつ文化、習慣を否定して母国の社会価値観に固執する両親と、西洋社会のなかで自分自身の人生を生きようとした娘との確執である。

娘のファディメが、スウェーデン人のボーイフレンドをつくったことが家庭不和の始まりだった。彼女は父と弟に暴力を振われ、そのためウプサラから遠く離れたコミューンで自分のアイデンティティーを隠して生活せざるを得なかった。そして、たまたまウプサラに妹を訪ねたときに父親に射殺されたのである。マスメディアは今回の事件を、「父親としての権威」を娘に脅かされ、周囲のクルド人から「家族を統率できない父親」と嘲笑されたために起こった悲劇、という取り上げ方をした。

1 TISDAG 5 FEBRUARI 2002
NR 30
112:E ÅRGÅNGEN
PRIS 10:-
TEL: 018-478 00 00

Upsala Nya Tidning

Märsta får behålla Systemet

Vårdavtal i Sigtuna sägs upp

Flygbränsle kan fraktas på Mälaren

Rörande farväl till Fadime

Släktens kvinnor bar kistan · Tusentals följde högtiden i och utanför kyrkan

Novia varslar 250 på Arlanda

ファディメの告別式を報じる2002年２月５日付の〈ウプサラ・ニーア・ティードニング〉

子どもたちが思春期に入ると、家庭内でいろんな問題が出てくる。私自身の経験では、とくにイスラム教の女子生徒の家庭で問題が大きくなる。それは、彼女たちがスウェーデン人の友人たちと同じような自由な生活、つまり胸を半分も出すような派手な服装、夜遅くまでの外出、自分の好きな青年との付き合いなどを求めるようになるのだが、それを認めない父親や兄弟との間にもめ事が起こるというものである。

ウプサラ大聖堂でファディメの葬儀が行われたとき、ファディメと個人的に知り合いであった移民の生徒たちや、自由を求めて生きようとするファディメの態度に共感する生徒たちが校長に許可をもらって学校を早退し、葬儀に参列した。あとで聞いたところでは、約二〇人の生徒たちのすべてが女子生徒であり、男子生徒は一人もいなかったということであった。

私の教え子にもクルド人がいる。イラク系のクルド人女子生徒と、トルコ系のクルド人男子生徒である。ファディメ事件がマスメディアから消えかかったころ、私はこの二人にインタビューをした。彼らは、マスメディアが書くような「名誉を守るための殺人」はクルド人の習慣にないことを強調し、今回の事件は単なるファディメの家庭内の問題であると語った。そして女子生徒は、「私がスウェーデン人に恋をした場合、結婚を前提とした付き合いならば両親は認めてくれるだろう」とも言った。しかし、両生徒とも、伴侶には、両親が望むようにスウェーデン人よりもクルド人を選びたいと語った。

二〇〇三年三月二〇日、米英軍はイラク戦争を開始した。トルコ軍も、イラク北部のクルド人自治区(10)（クルディスタン）に住む避難民がトルコに流入するのを阻止するため、軍隊をイラク北部に進駐させる計画が報道され、イラク国内のクルディスタンへの進入を阻止しようとするクルド人軍隊との間で戦争が起こりそうな気配にまでなった。また、一九九一年の湾岸戦争を自国独立の最大の機会だと見たクルド人軍隊は、イラク軍と戦い、その結果、何万人ものクルド人がガス兵器で殺戮された。親戚や友人をクルド人自治区にもつクルド人の生徒たちは、今回のイラク戦争をどんな気持ちで見たり聞いたりしたのだろう？

先日、中学校を卒業して一年になる前述のクルド人の男子生徒に出会った。彼の家族は、イラク戦争の間、毎日二四時間ぶっ通しで衛星テレビを観ていたという。罪のない人が殺されたのは悲しいが、クルド人全体のことを考えればサダム・フセイン政権が崩壊して本当に良かったし、これでクルディスタンが独立国として誕生する可能性も出てきたと、彼は嬉しそうに語った。

---

(10)　クルド人は、トルコ、イラン、イラク、シリア、レバノン、アルメニアの六国にまたがる土地「クルディスタン」に住む民族（世界中で約二五〇〇万人ともいわれる）で、各国の少数民族抑圧政策のため、自分たちの国をもてない悲劇の民族である（勝又郁子著『クルド・国なき民族のいま』［新評論、二〇〇一年］を参照）。多くのクルド人が難民として海外に移住し、スウェーデンにも約一万二〇〇〇人が生活している。

アンナ・リンド外務大臣刺殺事件

スウェーデンの欧州経済通貨統合（EMU、ユーロ）への加入を問う国民投票を四日後に控えた二〇〇三年九月一〇日、首都ストックホルムのデパートで買い物中のアンナ・リンド（Anna Lindh）外務大臣が暴漢に腹部や胸部、腕をナイフで刺され、医師団の努力もむなしく翌日の朝に死亡した。彼女は、ヨーロッパ通貨統合加入推進派の旗頭であり、そのことがこのときの事件と大きな関係があると見られている。

このとき四六歳（一九五七年生まれ）であったアンナ・リンドは、以前、環境大臣の経験もあり、外務大臣に就任後はEUの各会議での活躍により優秀な外交政治家として各国の外務大臣にも尊敬されていた。スウェーデン国内でも、インタビューでの明瞭性や政治家らしくない庶民性、そして二人の小さな子どもの母親として仕事と家庭を両立させていることからも人気があった。

外務大臣死亡のニュースは、首相官邸で午前九時前に行われた記者会見でイヨーラン・パーシヨン[11]首相より発表され、それはたちまちのうちに学校中にも広がった。そして、職員室での朝のコーヒーブレーク[12]の時間はそのニュースでもちきりとなった。その後、校長が職員室に現れ、現在、対処の仕方についてコミューンからの指示を待っているところだと私たちに伝えた。

コーヒーブレーク直後の中学二年生の化学の授業で、私はアンナ・リンド外務大臣が死亡した

ÖKAR MEST I SVENSK MORGONPRESS

SVENSKA DAGBLADET

Fredag den 12 september 2003

Sverige ett land i sorg

Polisen jagar känd svensk våldsverkare för mordet på utrikesminister Anna Lindh

Bakom bråken finns liv, alldeles vanliga liv, sköra som såpbubblor.

Svensk säkerhet får kritik av Kofi Annan.

Läkarna kunde inte rädda Anna Lindhs liv.

EMU-valet genomförs som planerat.

Den öppenhet vi nu smyckar oss med ter sig falsk som falska juveler.

アンナ・リンド外相暗殺を報じる〈スヴェンスカ・ダーグブラーデット〉(2003年９月12日付)

学校図書館に設けられた記帳所

ことを生徒たちに話し、人の意見を尊重する民主主義の原則を生徒たちと話し合った。しばらくして校長の校内放送が始まり、校長の合図とともに一分間の黙祷を行った。学校図書館には記帳所が設けられ、アンナ・リンド外務大臣の顔写真とともに白いバラの花が飾られ、ロウソクが灯された。

---

(11)　Göran Persson（一九四九～　）。コミューン・コミッショナーとして政界に入り、一九七九年以来国会議員を務め、学校大臣（一九八九～一九九一）、大蔵大臣（一九九四～一九九六）を経て、一九九六年に社会民主党党首に選出され、首相に就任する。

(12)　一般にスウェーデンの職場には、午前と午後の二回、一回二〇分程度の休憩時間であるコーヒーブレイクがある。授業と授業の間の休憩時間は五分間であるが、学校においてもコーヒーブレイクの時間は午前、午後ともに二〇分間ある。

ANT（アルコール、麻薬、タバコ）の問題

青少年を取り巻く社会には、多くの落とし穴が潜んでいる。一九六〇年代、ヨーロッパのヤングパワーにより始まったヒッピー文化は、その後の政治、経済、社会、文化に強く影響を及ぼす「文化の大革命」となった。その大革命の落とし子が、今もヨーロッパに残るハッシッシ文化であり、麻薬に対するリベラリズムである。オランダではコーヒーショップでハッシッシを自由に買うことができるし、デンマークの首都コペンハーゲンにはハッシッシの自由地区であるクリスチアニアがある。EU議会においても麻薬使用の合法化案が提案されたこともあるし、他国に比べて麻薬犯罪に厳しいスウェーデンでも麻薬の合法化がよく提唱されている。[13]

さて、見出しのANTとは、スウェーデン語のアルコール（Alkohol）、麻薬（Narkotika）、タバコ（Tobak）の頭文字をとったものである。タバコの問題は小学校六年で、アルコールの問題は中学二年のときに（生物の「人体」）、そして麻薬やドーピング剤の問題は中学三年（生物の「神経系統」）で取り上げている。新しい麻薬やドーピング剤が次々とニュース面を賑わせるため、教員としては絶えず新知識の入手に心がけている。

二〇〇〇年五月、スウェーデンのマルメとデンマークのコペンハーゲンを結ぶエーレスンド大橋（Öresundsbro、一六キロメートル）が開通し、それまでフェリーに頼っていたヨーロッパ大

陸への交通が非常に便利になった。しかし、この大橋の開通は、大陸からの新しい密輸ルートを開くことにもなってしまった。また、ソビエト連邦崩壊後に独立したバルト諸国（エストニア、ラトヴィア、リトアニア）からの、フェリーを利用した長距離トラックや自家用車による麻薬やアルコール飲料、タバコの密輸も急増している。スウェーデン税関の統計によると、二〇〇二年一月～三月の麻薬およびドーピング剤の密輸押収件数は、一九九八年の同期間に比べて、麻薬は約二倍、ドーピング剤は約四倍に増加している。この現状は、税関の検査が行き届かないために、押収されずにスウェーデン国内に持ち込まれた麻薬やドーピング剤の量の増加を物語っている。

少量のアルコールは、楽しい雰囲気をかもし出して人間関係をより親密なものにするわけだが、その一方で、アルコールが絡んだ家庭内暴力や繁華街での暴力・殺傷事件、アルコール依存症からくる健康障害や職場での問題、そして酔払い運転による人身事故と多くの問題を抱えている。アルコールがもつこの諸刃の剣をいかに中学生に理解させるか、これは決して容易なことではない。

---

(13)　日本の麻薬取締法とは比較にならないが、一九九三年七月に施行されたスウェーデンの麻薬取締法では、麻薬犯罪を次のような三段階に分けている。麻薬軽犯罪――罰金または最高六ヵ月の懲役。中犯罪――最高三年の懲役。重犯罪――最低二年、最高一〇年の懲役。

思春期に入った子どもたちは、大人の世界に非常に興味をもっている。仲間内で目立とうと大人の真似をしてタバコを吸い、家庭から持ち出したビールやワイン、ウイスキーなどを飲みすぎて急性アルコール中毒を起こし、救急車で大学病院の救急科に運び込まれる中学生や高校生が毎週のようにいる。

スウェーデンでは中学二年生、三年生ともなると、大抵はアルコールの味を知っている。クリスマスや正月などに家族と一緒に乾杯をしたというのがほとんどであるが、週末に友人たちだけのパーティで「アルコール入学」をする生徒たちが増えてくるときでもある。

年齢制限のあるアルコールは思春期に入った中学生にとっては大人社会への壁であり、この壁を乗り越えることで友人たちの間において自慢ができることになる。そのため、兄や姉、年上の友人に頼んでビールやワインを買ってもらったり、違法であるとは知っていても保護者が買い与えることもある。そして、その保護者の弁解の理由としてよく言われるのが、「ワインを一本持たせておけば、子どもがパーティで何を飲んだかがわかり安心できる」というものである。

しかし、このような保護者は現実をまったくといっていいほど知らない。中学生たちは持ち寄ったビールやワイン、ときとしてはウオッカやウイスキーなどもちゃんぽんにして飲むのである。スウェーデンにおける青少年のアルコール問題の要因は、「ビールぐらい飲んでもいいじゃないか」と、大人が大目に見ているところにあると私には思える。

スウェーデンでは、アルコール度数の違いによって、飲めるかどうかの制限年齢が異なっている。たとえば、アルコール分一・八パーセントのライトビールであれば子どもであっても食料品店で買うことができるが、二・八パーセントのビールや三・五パーセントのビールは一八歳からということになっている。しかし、度数の高いビールも食料品店やガソリンスタンド内のコンビニ(14)で簡単に買うことができる。それ以上のアルコール分を含むアルコール飲料（ビール、ワイン、ウイスキーなど）は政府直営の酒屋に行かなければ買えないし、年齢も二〇歳以上ということになっている。

しかし現実は、政府が意図しているアルコール政策からは遠くかけ離れたものとなっている。私は、ANT授業で生徒たちに、「今日の午後六時までにどうしてもワインが一本必要なのだが、自分で買いに行っている時間がない。一〇〇クローネわたすから、七〇クローネのワインを一本買ってきて欲しい。残りは小遣いとして差し上げる……」と言って、どの程度の生徒たちが簡単にワインを手に入れることができるのかを聞いてみた。

なんと驚くなかれ、半分以上の生徒が手を上げた。若年者であっても、アルコール飲料を手に入れるのはいとも簡単なのである。年上の兄や姉、友人に頼むという者から、酒屋の入り口で見

---

(14)　最近、ガソリンスタンドだけでは経営が成り立たないためか、ほとんどのガソリンスタンドがコンビニを営業し、自動車用品はもちろん、タバコや新聞雑誌類、食料品や飲料、菓子、雑貨品、キャンプ用品などを販売しており、ところによってはビデオのレンタルも行っている。

知らぬ大人に頼むという者、なかには父や母に頼むという者もいた。

もう一つのタバコの販売についていえば、日本の二〇歳より二歳下の一八歳の年齢制限が最近になって設けられた（喫煙については年齢制限がない）。というのは、以前はまったくそのような規制はなくて、小学生であっても堂々と（？）タバコを買うことができたし、中学校の休憩時間ともなると校庭でタバコを吹かしながら話をしている男女の生徒をよく見かけた。タバコを吸った後は「ポイ捨て」となるため、大抵の中学校では校庭に喫煙のためのコーナーを設けたりして「校庭の美化」に務めた。また、タバコと肺ガンの関係が立証されて社会全体が禁煙に向かい、ウプサラの全学校では、「学校の授業が終わるまで生徒は学校内では禁煙」という奇妙な規則がこれまで設けられていた。

しかし、タバコ依存症になった中学生がそのような規則を守るはずもなく、彼らは暖かい間は学校外に出てタバコを吸うのである。そして、気温が零下一〇度以下になることもある冬ともなると、喫煙生たちは学校近くのアパートの入り口に入り込んでタバコを吸うため、よく近所の住民から学校に文句の電話がかかってきた。しかし、休憩時間に校内見回り役の教員がまさか学校近くの各アパートの入り口を見回るわけにもいかず、校長が校内放送を利用して「学校時間内の禁煙」や「学校近所のアパートでの禁煙」を訴えるだけで終わっていた。

喫煙者を見つければ、生徒の指導担任に連絡をとって指導担任が家庭に連絡をするわけだが、家庭によっては子どもの喫煙を容認しているところもあるため、「喫煙許可証」を学校で発行してそれらの生徒に携帯させた時期もあった。しかし、ウプサラ・コミューンでは、昔から生徒に対して学校内では禁煙を義務づけている。とはいえ、これもあまり効果はない。たとえば、校庭でタバコを吸っている生徒を見つけた場合、教員としては当然注意をするのであるが、こういう生徒たちは校門を一歩出たところに移動し、これ見よがしにタバコを吸うからである。

スウェーデンの新聞、雑誌、テレビでは、青少年への影響を考慮してタバコの宣伝は全面禁止となっている。現在、スウェーデンのすべての公共建築物のなかでは禁煙になっており、タバコを吸う従業員たちは建物の外で「ホタル族」となる。隣国のノルウェーでは禁煙がさらに一歩進み、二〇〇四年六月からレストランやパブでも禁煙が実施されるに至った。また、スウェーデンのパブやレストランでも、二〇〇五年六月からは全席禁煙が施行されることになっている。

少し余談になるが、スウェーデンにある煙の出ないタバコ「スヌース」[15]（英語ではスナッフ）について記しておこう。これは、どのようにどのように使用するかというと、上唇にスヌースを

（15）（ス：snus、英：snuff）スウェーデンは一九九四年のEU加盟に関する国民投票を経て一九九五年からEU加盟国となったが、当時、EUではスウェーデンのスヌースの存続を認めない方針であったため、国民投票を前に「スヌースの存続を認めないEUへの加盟反対運動」も行われた。現在、EUでは特例としてスヌースの製造および使用を認めている。

団子状に固めて入れて、溶出されるニコチンを唾液で体内に取り入れる。タバコのように肺に負担をかけないので、スポーツマンに人気がある。中学校でも三年生になると、このスヌースをする男子生徒が増えてくる。もちろん、授業中は禁止であるが、スヌース依存症になっている（？）私は、生徒たちに同情をしながらもスヌースの使用禁止を呼び掛けている。

最近では、小さな袋に入った分量スヌース（一回分が入っている）が発売されてその売り上げが伸びている。そのために、あちこちのゴルフ場が悲鳴を上げているという話を聞いた。以前なら、プレー中にスヌースを捨てても一雨くれば土と混ざってしまうのであるが、袋入りだと中身が流出しにくいし袋も残ってしまうため、コースの美観を損なうだけでなく、清掃の手間が増大したということである。

ＡＮＴ委員制度

ＡＮＴについて、生徒たちに教育をするのは必ずしも容易ではない。なぜなら、生徒たちは日常、学校や家庭で大人がする「説教」に従って行動するのではなく、大人のすることを真似て行動しているからである。家庭に飲酒や喫煙の習慣があれば、子どもにとってもそれがいつの間にか習慣になってしまう。

私の学校では、これらの教育をより充実したものにするために「ＡＮＴ委員制度」を設けている。ＡＮＴ委員は、ＡＮＴ対策機関やコミューン社会事務局からの連絡書類をまとめ、生物学でのＡＮＴ教育や各学年で行うテーマ教育（一一五ページ参照）でのＡＮＴ計画や、資料の準備、保護者への講演会や説明会を計画するのが役目となっており、私自身その委員をしている。

ＡＮＴ委員でもっとも難しい仕事は、テーマ教育の際に適当な講演者を探すことである。保護者を対象とした集会で講演できる人は数多くいるが、中学生たちに内容について興味をもたせ、彼らのレベルで講演できる人は非常に少ない。彼らは、内容が難しすぎたり面白くなければすぐに私語を始めるため、同席する教員は講演の最中に生徒に対して注意をしなければならないし、生徒によっては講演者に否定的な態度を見せるため、講演会のあとで講演者にあやまらなければならないという嫌な思いをさせられたこともある。

私がこのＡＮＴ委員になってから五年になるが、これまでの講演会や説明会で印象的だった二件を次に紹介する。

①元アルコール依存者ケンネット

交通安全協会から来た案内に「プロジェクト『アルコールと交通事故』」というのがあり、アルコール依存者であったケンネットという青年が中学生と高校生に対して無料講演をすると書かれてあった。学校の経済状況を考えると講演料が「無料」というのがありがたかったし、講演者が若いということも生徒たちにとっては大きなプラスであった。

早速、私は交通安全協会に電話をし、ケンネット氏と日程や時間の打ち合わせをした。そして、彼は学校図書館において中学三年生のクラスごとに飲酒と交通事故に関して講演をすることになった。講演のタイトルは、「飲むなら乗るな、乗るなら飲むな」になることは明らかであったが、これをいかに生徒たちに言葉としてだけではなく自分の信念として実践できるように理解させられるかがポイントとなった。

打ち合わせた日時に彼は学校にやって来た。「人を外見で判断をするな」とはいうものの、初めて彼に会った私は度肝を抜かれた。スウェーデン人としては小柄な一七〇センチメートルぐらいの身長、小太りで髪をオレンジ色に染め、しかも両耳や鼻にはピアスをしている。この「兄ちゃん」に講演ができるのか、また生徒たちがどのような態度で彼を迎えるのかと、正直言って私は心配になった。

彼はまず簡単に自己紹介をし、オーストラリアで制作された交通事故や救急病院での手術の模様、酒気帯び運転で人身事故を起こした加害者たちや被害者たち、またその家族へのインタビューの様子を撮影したビデオフィルムを見せたあとで本題に入った。講演を始めたケンネット氏の最初の言葉は次のようなものであった。

「私は一八歳で運転免許を取ってから二〇歳になるまでに二〇〇回以上も酔っ払い運転をし、人を殺しそうになったことが何度かあります」

図書館のなかはシーンと静まり返った。彼は自分の父母がアルコール依存症であったこと、自身も小学校五年生のときから飲み始め、中学時代には多量のアルコールを飲める奴ということで周囲の「尊敬」を集める一方で、精神的に落ち込み始め、自殺を何度も考えたし、一度は自殺未遂に終わったこと、また何度も酔っ払い運転で交通事故を起こしたこと、そしてそのような事故が繰り返されても彼のアルコール依存症に対しては何ら援助の手が差し延べられなかったことなどを生徒たちに語った。そのうえ、そのような状態にあったにもかかわらず、自分自身がアルコール依存者であるという自己認識がまったくなかったということが、私や生徒たちを驚かせた。

アルコール依存症となっていた彼の目を覚まさせたのは、彼自身のアパートで行われたパーティの翌日であった。彼が目を覚ますと、暴行を受けた弟が半死状態で横たわっており、机の上には飲み残しの密造酒が入ったポリ容器があった。アパートの破損状態はというとこれまたひどく、前夜のパーティが乱闘事件の場となったことを物語っていた。彼のかすかな記憶によると、半死状態にまで弟を暴行したのは彼自身で、もう少しのところで愛する弟を殺してしまうところだった。

この事件をきっかけに彼は社会援助委員会に助けを求め、アルコール依存症者のための療養所に約一年間入所してアルコールを完全に断ち切ることに成功した。彼は、一九九二年一一月以来、一滴もアルコールを口にしていないと語った。

彼は、アルコールを口にするようになった理由として、先に述べた家庭環境以外に、何か問題に直面したときにアルコールを飲むことでその問題から逃避しようとした自分の精神的な弱さ、そして絶えず自分のなかにある「怯え」について話をした。つづいて、生徒たちのなかにも両親がアルコール依存症、またはそれに近い状態の場合があるであろうことを述べてから生徒たちの身近な問題へと話を移した。そして、絶えず何かに怯えている両親をいかに変えるか、またアルコール依存症の人間に援助の手を差し出すことの大切さを話した。

ケンネット氏の口からは、「飲むなら乗るな、乗るなら飲むな」という言葉は講演が終わるまで一度も発せられなかった。「飲むなら乗るな、乗るなら飲むな」といったスローガンは、一般人には通用する文句かもしれないが、アルコール依存症であった彼から見れ

アルコール依存症者のための療養所

アルコール依存症者に抗酒剤による治療を行い、それに伴うアルコール性離脱症状（禁断症状）に対して医師、心理カウンセラー、看護婦が指導を行う。その後、一般社会から隔離された環境下の療養所でリハビリを行う。リハビリでは、一人ひとりに適した個人治療や家族を含めて行う家族治療、またグループ治療を行い、社会復帰のための職業訓練も治療とあわせて行う。アルコール依存症者はアルコールの誘惑に耐える訓練を行うことで、アルコール依存症の再発防止に努めている。療養所の目的は、アルコール依存症者が単に断酒をするだけではなく、新しい生き方を身につけ、例えば、自助グループである「アルコール依存症者の匿名（アノニマス）の会ＡＡ」(Anonyma alkoholister) で、ほかのアルコール依存症者が断酒できるよう社会活動をすることである。

ば何ら意味をもたない文句であるようだ。

最後に、彼はアンケート用紙を生徒たちに配り、講演全般について、またアルコール問題についての意見を無記名で求めた。講演のあと、何人もの生徒が彼のところに行き、自分の身近にいるアルコール依存者への援助方法を質問しているのを見たとき、アルコール問題を抱えている家族や知人が彼らの周りにこれほどまでにいるのかと驚かされた。

後日、私は生徒たちにケンネット氏の講演についての感想を聞いた。評判が非常に良かったので、次の年も彼に講演の依頼をした。再び学校にやって来た彼は、髪を漂白して金髪に染め、両耳と鼻だけでなく唇にまでピアスをしてきて、またまた度肝を抜かれることになった。

残念ながら、その年で交通安全協会のプロジェクトは終了し、彼は元麻薬依存者とコンサルタント会社を設立して講演活動を始めた。私としては彼に講演を続けて欲しかったが、予算的にとても無理なために個性の強い彼とも疎遠になってしまった。

②死に至る麻薬

中学三年生のANTのテーマ教育では麻薬や

アルコール問題コンサルタント、ケンネット氏（パンフレットより）

ドーピング剤のことも詳しく取り上げるわけだが、数週間にわたるテーマ教育の終わりに行う講演会の講師を誰に頼むかは、前記したように容易ではない。

スウェーデンには、麻薬依存者や元麻薬依存者を子どもにもつ保護者たちでつくっている「麻薬に反対する親の会」があり、日頃より反対運動を行っている。この「親の会」に依頼して講演を行ってもらったことも数回あったが、必ずしも生徒たちの心を捉えることはできなかった。オーバーヘッドプロジェクター、ビデオ機器やコンピューターを使っての視聴覚教育に慣れた中学生には、話をするだけの講演ではすぐに飽きてしまうからである。

ウプサラ郊外に住んでおり、麻薬で子どもをなくした夫婦が学校で講演活動を行っていることを聞いた。また、この夫婦が『死に至る麻薬（Droger till döds）』という本を出していると聞いて、早速私はこの本を読んだ。そして、教科会議の承認を得て中学三年生用に四〇冊を注文し、ANTのテーマ教育で使用することにした。

この本は少年の生い立ちに始まり、スポーツ好きで学校では教員や友人に人気のあった少年テッドが、中学を卒業後に製薬会社の重役をしていた父親の仕事の関係でアメリカに住むことになり、アメリカの高校で麻薬に手を出し始めたことが書かれてある。スウェーデンに帰国後も彼は麻薬からは抜け出せず、ヘロインの大量摂取のために二六歳で死亡するまでの出来事ややりとりが母親の日記を基にして書かれてあり、その保護者である彼らの反省も記されている。この本を読んだ生徒たちは、麻薬依存症が、本人のみならず家族、親戚、友人、恋人といった自分の最愛の人たちまでもを地獄に陥れることをきっと悟ったと思う。

数週間にわたったANTのテーマ教育の終わりにこの夫婦を招待し、講演を行ってもらうことにした。また、その日の夜には生徒の保護者たち相手にも講演を行ってもらうことにし、小学校六年生以上の保護者たちを対象として約五〇〇枚の案内状を送った。

私の学校には講堂がなく、学年集会や講演会、終業式などのように大勢が集まるときには学校食堂の食卓や椅子を移動させて、一五〇人を収容できる臨時講堂として使用している。学校食堂の片側には舞台があり、ここで劇や音楽、ダンスも上演されている。消防法の規定により、この学校食堂には一度に一五〇人までしか入ることができない。

もし、それ以上の保護者が出席したらどうするか？　しかし、このような心配をする必要はまずない。この種の講演会に対する保護者の出席率は非常に低く、三〇人ほどの保護者が出席すれば大成功である。以前、地区警察や社会事務局が出席してウプサラや学校地区での麻薬状況の説明会を開いたことがあったが、出席者はわずか二〇人という惨めなものであった。それでも社会援助委員会は、皮肉にではなくその「盛況ぶり」に驚いていた。学校によっては、出席者が一〇人にも満たないところがあるという。

保護者の頭には、「うちの子にかぎって……」という考えが常にある。麻薬依存者や元麻薬依存者を子どもにもつ「麻薬に反対する親の会」の保護者たちもほとんどがそうであったし、「何か、ちょっと息子がおかしいのでは……」とは思っても、「ちょっと疲れているだけだ」と息子に言われればそれを鵜呑みにし、子どものことを頭から信じ込んでいる親が麻薬依存者の数を増大してきたともいえる。

一二〇人の中学三年生を前に、テッドの父親は舞台下でノート型パソコンを操作して写真をスクリーンに写し出し、それぞれの場面の状況を説明した。自身が製薬会社の部長であり、出張が多くて家庭を留守にすることが多く、息子の教育に携わることができなかったことへの後悔が彼の言葉の裏に感じられた。母親は舞台上で、その写真が撮られた前後に書かれた自分の日記を読み、テッド自身の変化や家庭内での人間関係、母親としての悩みを克明に紹介していった。彼女の日記にあった次の一節が印象に残っている。

「まだ初期で、麻薬を止めることができたときにはテッドは止めたがらず、彼自身が麻薬を止めたがったときにはもう止められない状態になっていた」

途中、休憩を挟んで約二時間にわたったこの講演会は、この両親に対する大拍手で終了した。この夫婦の講演会は、どうやら生徒たちに深く感じるものを残したようだ。テッドが生徒たちにとっては兄的な年齢であったこと、そしてこの家族がウプサラからはすぐの郊外に住んでいたこともあったのだろう。また彼が、スウェーデンでもっとも人気のあるアイスホッケーやサッカーの選手であったことが共感を呼んだのかも知れない。

今日のスウェーデンにおいては、全高校生の約二〇パーセントぐらいが何らかの麻薬の経験があり、密輸によって麻薬の種類や量も大幅に増加してきている。以前はスウェーデン社会のごく一部にかぎられていた麻薬使用だが、コカインやエクスタシーといった「パーティ麻薬」、「週末麻薬」が出回ってきたことにより若者の間にも広がってきた。しかも、社会の一部には「麻薬合法化」の声もある（一八六ページも参照）。このような環境のなかで、第二、第三のテッドが生まれないためにも、青少年自身が麻薬の誘惑に「ノー」という毅然とした態度がとれるよう、学校のANT教育の大切さや、テッ

『死に至る麻薬』

麻薬で息子を亡くした夫婦による講演会

ドの両親のように若者の心に訴えられる大人の努力の必要性を強く感じる。

その日の晩、約四〇人の保護者が講演会に出席した。四〇人もの保護者が参加をしてくれてANT委員としては非常に嬉しかったが、「うちの子にかぎって……」が唯一の欠席理由であったなら、生徒たちを取り巻く社会の現実をあまりにも知らなすぎると私には思える。

プログラム構成は中学生用のときと同じであったが、親として、自分たちが行った失敗を実際にはどうすべきであったかを詳細に語り、「子どもの様子がおかしい」と感じた「直感」を信じる大切さを出席者に語った。

自らの子どもの失敗を中学生や高校生に語り、また保護者としての自分たちの失敗をほかの保護者が繰り返さないように他人に語るまでには相当な勇気と決断力を要したことであろう。それを考えると、この夫婦の活動には頭が下がる。

春の祭りは大問題

第一章二六ページで述べたように、ウプサラは古い大学町であるがゆえに大学や大学生を中心とした伝統的行事やパーティが多くあり、アルコールに接する機会も多い。とくに、ウプサラ最大の街を挙げての祭りである四月三〇日の「春の祭り」はすごい。この日は、学生寮や学生ネーション（県人会、二八ページの地図も参照）では朝食時から学生たちがシュナプス(16)やシャンペンを飲み、昼食にはニシン料理を中心としたヴァイキング料理を食べて学生パーティでよく歌われる歌を合唱し、再びシュナプスで何度も乾杯をする。そして、午後三時前、高校卒業時に買った学生帽をもって大学図書館のバルコニー下に集まってくる（ただし、まだ帽子をかぶってはいけない）。

この日、かつてウプサラ大学で学んだ人たちもスウェーデン各地からウプサラに集まってきて、かつての学友たちとの再会を喜ぶ。この日ばかりは、ウプサラにこれほど多くの人がいるのかと思うほどの混雑ようである。午後三時、ウプサラ大学の学長が大学図書館のバルコニーから学生帽を振り、ウプサラに春が到来したことを学生たちに知らせる。学生たちも帽子を振って学長にこたえ、図書館から街につながる坂道を下って自分が所属するネーションへと出向き、友人たちとシャンペンを飲んでダンスを楽しむ。

春の祭りは、長かった冬に終わりを告げ、友人や旧友たちとの友好を深める楽しい一日である。普段、スウェーデンでは公共の場での飲酒が禁じられているが、この日ばかりは無礼講で、街を

(16)　（ス：snaps　英：schnaps）主にドイツ、ポーランド、スカンジナビア諸国、ロシアで飲まれるアルコール度三四～五〇パーセントの蒸留酒（火酒）で、穀物を原料とし、ウイキョウ、ニガヨモギ、ヤチヤナギなどのハーブを添加したものや、ハーブ無添加のものなど多種にわたり、各種パーティでの乾杯には欠かせない飲み物。

学生ネーション

スウェーデン語で「ストゥデント・ナショーン（Studentnation）」。スウェーデンの大学では入学金や学費は一切不要であるが、学生自治会費を支払うことになっている。さらに、ウプサラ大学では、学生は県人会に相当する学生ネーション（studentnation）に必ず所属しなければならず、ネーション会費を毎学期支払うことで初めて「大学生」となることができる。ここへの加入義務は古く、1667年にまでさかのぼる伝統のあるものである。現在ウプサラ大学には、スウェーデン各地方の同郷出身者が交流を図ることのできる伝統的な13の学生ネーションが街の中心部にある。各学生ネーションの建物は学生たちの憩いの場所であり、その地方の文化伝統を生かした活動や多彩な学生パーティが行われている。

学生ネーションでの最大のパーティは、5月上旬に開催される春の舞踏会。男性は燕尾服、女性はロングドレスが参加の条件。

ヴェストイョタ・ネーション

歩きながらビールやシャンペンを飲んでいても、飲みつぶれないかぎり警察も大目に見てくれる。

しかしこの日は、中学や高校、警察、社会援助委員会、大学病院の救急科にとってはやっかいな一日でもある。学校は普段通りの授業がある普通の日であるが、「家族の伝統」を理由に一日の「休学許可」を求める生徒も多く、クラスによっては生徒の半数が休む場合もある。とくに、天気の良い暖かい日は、大勢の中学生や高校生たちも街に繰り出し、大学生と同じようにビールを片手に歩き回る光景を見かけることになる。

スウェーデンの学校では、家族旅行やスキー旅行のために、年に一週間の「休学」が生徒たちに認められている。三日間までは所定の休学許可申請書に学級担任のサインをもらえば休学できるが、四月三〇日だけは、申請書を直接校長に出して校長の許可をもらわなければならない。これは、ウプサラ・コミューンの教育委員会が以前に四月三〇日を「学校休日」としたことが一度あって、その日、多くの中学生や高校生が酔っ払って街で暴れたという苦い経験があるためである。

自分の生活に対する満足度

第3章においても述べたように、高校入学のための受験勉強はなく、一週間の試験数も二科目を超えることがなく、原則的には週末に宿題を出さないようにしているスウェーデンの中学校においても何らかの理由で登校を拒否する生徒もいるし、自殺を図る生徒もいる。これらは、一体何が原因となっているのだろう? 私の学校の心理カウンセラーにインタビューをし、その原因を探ってみた。

心理カウンセラーによると、中学校での新しい生活が始まって約二ヵ月が経ち、中学生活にも慣れてきた一年生の一〇月に悩みの相談が一気に増加するという。これまで小学校では、ほとんどの科目が学級担任の先生による授業であったし、担任以外の教員による授業であってもその教員がクラスの教室にまでやって来た。そのため、生徒たちにはクラスルームという「自分たちの場」があった。

しかし中学校になると、毎時間科目が変わり、教員が変わり、教室が変わる。しかも、授業と授業の間の五分間の休憩時間に自分のロッカーに行き、次の授業に必要な教科書やノートを取り出し、その授業がある教室に向かわなければならない。ロッカーが並ぶ廊下は狭く、隣人と体をぶつけながらロッカーを開けることになる。それが毎時間繰り返されることによりストレスへとつながるのだという。そのうえ、九月下旬から一〇月中旬にかけてはどの科目でも試験が予定されている。一〇月中旬には三者面談があるため、教員としても何らかの成績評価をしなければならないからである。これも、生徒たちのストレスを増加させる一因となっているようだ。

私の中学校で心理カウンセラーのところに、悩みの相談にやって来る生徒たちの男女比は3対7と女子生徒が圧倒的に多い。男子生徒のほうでは、怒りや腹が立った理由を聞いてもらいたくて来る場合がほとんどで、勉強に集中できないことへの不安や、家庭内のもめ事などから来る心のモヤモヤに対する相談がそれに続いている。女子生徒の場合は、家庭内での出来事（両親や兄弟姉妹とのもめ事や家族の死や病気）から来る不安や悲しみに関する相談が多いという。

やはり、女子生徒のほうが繊細なのだろう。世界保健機関（WHO）が四年に一度行っている学校生徒の健康調査によると、少なくとも、週に一度の不眠症、精神的不安、イライラ、落ち込みや緊張を訴える一五歳の女子生徒が一九八五年には七人に一人であったのに対し、二〇〇一年の調査では三人に一人と大幅に増加している。そして、自分の生活に満足している一五歳の女子生徒の割合が過去一五年間に極端に悪化してきているのがわかる（**表10**を参照）。

では、なぜストレスを感じる割合が女子生徒に多いのだろうか？「女子生徒の精神的、肉体的発達は男子生徒に比べて一～二年早いわけだが、それが彼女らのストレスの原因となっている」と、心理カウンセラーは語る。しかも、女子生徒は男子生徒に比べて「完璧主義者」が多く、容姿、服装、学校の成績、クラス内での人気、友

表10　自分の生活に満足しているスウェーデン中学生（15歳）の割合

調査年度	男子生徒の満足度	女子生徒の満足度
1985年	59%	51%
1989年	47%	42%
1993年	49%	38%
1997年	45%	34%
2001年	49%	29%

「子どもたちのオムブズマン」
（BO：Barnombudsman）

国連で採択された「児童の権利に関する条約」に基づき、1993年に「子どもたちのオムブズマン」法が制定された。子どもたちのオムブズマンは、青少年の権利や関心事が保証されるよう青少年の側に立って世論づくりを行い、政府に政令改革や対応策を提案するとともに、青少年の生活条件に関する知識や統計の収集を行う。子どもたちのオムブズマンは、地方行政機関に対し、青少年が権利を遂行するためにどのような改善策を取ったかの報告を求めることができる。職務上、子どもへの家庭内暴力が判明したときや社会による子どもの保護が必要だと思われるときには、オムブズマンは直ちに社会援助委員会に連絡をしなければならない。ウプサラ・コミューンでは1988年に「子どもたちのオムブズマン」を導入し、2004年現在、４人の大人が毎日、子どもたちから来る電話やメール、手紙での相談に答えている。

「社会における子どもたちの権利」
（BRIS：Barnens rätt i samhälle）

1971年に起こった継父による４歳の少女虐待殺害事件に憤りを感じた人々が、ボランティア活動としてＢＲＩＳを発足させた。ＢＲＩＳでは25歳以上の成人ボランティアや職員が18歳以下の青少年を対象に、フリーダイアルで肉体的、精神的、性的虐待やイジメ、思春期の情緒不安時や孤独時に話し相手となり、アドバイスを与えて力になっている。

人関係などのすべてが自分の満足のゆくものでなければならないと考える場合が多い。それだけでなく、家庭内での躾や両親、兄弟姉妹との人間関係なども彼女たちの毎日の生活をより複雑なものとしているようだ。

心配事や問題があるとき、生徒たちは心理カウンセラーに相談をすることができるわけだが、その前にほかの生徒たちに気づかれることもあり、相談内容が絶対に秘密にされるとはわかっていても相談を躊躇する生徒たちもいる。そのために、子どもたちが匿名で電話相談のできる社会機関がある。「子どもたちのオムブズマン」や「社会における子どもたちの権利」がそれである。これらの機関では、毎年、積極的に学校を訪問し、その活動内容を生徒たちに対して説明している。両方の機関とも一日二四時間体制で子どもたちの心のケアに努めている。

第6章

アイスホッケーとダンスのテーマクラスがスタート

アイスホッケーと乗馬のテーマクラス？

一九九八年、私の学校に「テーマクラス（Temaklass）」ができることになった。テーマクラスとは、普通教育を行う小・中学校に校区外からの生徒を集めるために設けられた、何か特色（テーマ）をもたせたクラス（たとえば、スポーツ活動や文化活動の時間を授業時間に盛り込む）のことで、各学年に一クラスずつある。

経済の悪化は学校教育にも影響を及ぼし、学校財政の歳出面で最大のシェアを占めている人件費の削減という問題については、どこの学校の校長も頭を痛めることになった。クラスの定員数の増加、教員の一人当たりの授業時間数の増加、教科主任や学級担任の手当てカット、学校給食や清掃に関して入札制度による民間企業への委託など、学校活動が経済用語で語られるようになってきた。

学校の歳入は、コミューンから各生徒に出される教育費および地区の社会環境に応じて支払われる社会構造構造援助金[1]によって賄われている。私の学校は街の真ん中にあり、経済的[2]には中流あるいは中の上の家庭が大部分を占め、外国人生徒（移民や難民二世）も少ないためにコミューンからの社会援助金は皆無に等しい。しかも、校区内からも自由学校（七一ページからを参照）に通う生徒たちも出始め、十分な生徒数を確保して満足な学校教育を行うためには、何か特色をもつクラスをつくってほかの校区から生徒を集めることが必要となってきた。つまり、学校同士の生存競争である。中学校によっては「サッカークラス」、「音楽クラス」などのテーマクラスを設けているところがすでにあったが、私の勤める学校にはこれまでテーマクラスはなかった。

このようなときに、三人の子どもをもつ母親がテーマクラスの案をもち込んできた。その内容は、ヴァクサラ小・中学校に小学校六年生から始まる「アイスホッケー」と「乗馬」のテーマクラスをつくってはどうかというものであった。アイスホッケーはサッカーとともにスウェーデンを代表するスポーツであり、乗馬は女子生徒に非常に人気がある。たまたま、この母親の息子たちがアイスホッケーをしており、娘が乗馬をしていることからこの案が浮かんだようであった。

学校のテーマクラスとしては、週二回、合計二時間半(3)、アイスホッケーはコミューンのアイスホッケーリンクで、そして乗馬はコミューン郊外の馬場で授業を行うということでコミューン区役所の学校教育委員会で採択され、あとはテーマクラスへの応募者の実技選考をするだけとなっ

(1)　Strukturstöd。学校区の社会環境に応じてコミューンから学校に出される援助金で、ウプサラ・コミューンでは、校区における独身の母親数や外国人移住家族数などをその対象項目としている。

(2)　学校によっては、生徒数の七割以上が外国人生徒のところもあり、家庭ではスウェーデン語ではなく母国語を使っているために授業についていけない生徒が多く、そのため特別授業や少人数授業を行っている。

(3)　テーマクラスでは、一般のクラスにあるテーマ教育の時間一時間三〇分、読書の時間二〇分、体育の時間四〇分の、合計二時間三〇分をそのテーマの練習に振り当てている。

た。しかし、このニュースがマスメディアなどで取り上げられるや否や、数人の保護者から校長に対して猛反対の電話がかかってきた。

保護者たちからのクレームの内容は、自分の息子や娘には喘息やアレルギー症状があり、馬の臭いや馬場からの埃でそれが悪化するというものであった。この議論はエスカレートし、新聞の投書欄やラジオの意見番組でも大きく取り上げられ、全国アレルギー協会からも反対の声が上がった。学校側としては、テーマクラスの授業を時間割の最後に組むことでこの問題は解決できると考えたが（つまり、乗馬の時間を最終の授業にすれば、そのクラスの生徒たちは乗馬学校に行って授業を受けた後に直接自宅に戻るため、アレルギー源や馬の臭いを学校にもち込まない）、反対側は納得せず、コミューン区役所の教育委員会および学校はこの案を振り出しに戻さざるを得なくなった。

実際に喘息やアレルギー症状に悩まされている生徒たちにとっては大きな問題であろうが、毎日、多くの生徒たちが趣味で乗馬をしており、家庭では犬や猫、小鳥を飼っていることを考えると、私はどうしても反対意見に納得がいかなかった。

一方、アイスホッケーをテーマとした生徒たちの実技選考は予定通りに行われた。そして、女子生徒を集めることができるテーマとして、急遽ダンスが取り入れられることになった。この話が決まったのは春学期もあとわずかという五月であり、そのため新学年が始まるまでに十分な入学者数を確保できるのかということが問題となった。しかし、こちらの心配をよそにダンスのテーマクラスには一三人の女子生徒が応募し、実技テストをする時間もなかったために応募者全員が合格ということになった。こうして、アイスホッケーの男子生徒一七人とダンスの女子生徒一三人からなるテーマクラスの第一期生がスタートすることになった。

教員歴一年の若い女性教員ロッタ（Lotta）と私が、小学校六年生から始まるこのテーマクラスの担任をすることになった。ロッタは国語（スウェーデン語）、英語、フランス語を教えているので、クラスの生徒たちと会う機会も多いし、明るく外交的な性格が担任に選ばれた理由であった。私の場合は、数学と理科系科目を教えているのでやはり生徒たちに会う時間数も多いし、長距離スポーツ（マラソン、スキー、スケート、自転車など）をしているせいか、年中何だかのスポーツをやっている「スポーツ馬鹿」というのがその理由だったようである。

しかし……である。始業式を前にした教員勉強会の日にロッタが私のところにやって来て、「今学期は学校で働くけれど、妊娠しているのがわかったので秋学期が終われば休職するわ……」と言ってきた。私と彼女が、お互いに担任として協力できる環境が長くは続かないことを、なんと始業式がまだ始まってもいないうちに聞かされることになってしまった。

先にも述べたように、スウェーデンの学校には日本の学校のようなクラブ活動はまったくなく、スポーツや文化活動は、コミューンにあるスポーツクラブやカルチャークラブに入って行う。アイスホッケーは六歳からクラブ化されているため、テーマクラスのすべての男子生徒たちは、小学校は別々でもすでに六年間、ウプサラおよび郊外にあるアイスホッケーチームで一緒にプレーをしていた。一七人のうち二人を除いては「ウプサラＡＩＳ　86」に所属していたため、彼らは最初から気心の知れた仲の良い友達同士であった。彼らはアイスホッケーの実技テストを通ったエリートたちであり、彼らの自信にも相当なものがあった。

ちなみに、テーマクラスに入学するためのアイスホッケーの実技テストは、生徒たちのトレーナーとなる元スウェーデン・ジュニア・ナショナルチームの監督が行い、スケーティング、パス、シュートをはじめ、連係プレーやボックスプレー、パックを扱うテクニックなど、幅広いプレーを対象として行っている。

一方、ダンスのテーマクラスに応募した女子生徒たちのダンス歴や理由はさまざまであった。小さいときから週に数回ダンス教室に通っていて、将来はプロのジャズダンサーになりたいという女子生徒や、体操クラブに入っていて柔らかい体の動きを身につけるためにダンスのテーマクラスを選んだ女子生徒、サッカーやインドアホッケーのクラブに入っていて、体を動かすことがこのうえなく好きな女子生徒などである。差こそあれ、ほぼ全員にダンス歴があり、またダンスに興味をもっていた。

ただ一人だけ、ダンス歴、運動歴ともにゼロで、友達がこのクラスに行くことになったので自分も応募したという女子生徒がいた。本来なら、ダンス経験がなければテーマクラス入学時の実技テストでふるい落とされたところであるが、この年は前述の理由で応募者全員が入学となったため、グループを主体として踊るジャズダンスやバレーにおいてほかの生徒との差が大きくつき、のちのちまで問題を残すこととなった。

始業式の日、趣味、最近観た映画、現在読書中の本、将来の夢などを自己紹介を兼ねて女性担任のロッタが一人ひとりに語らせ、その模様を私はビデオカメラに収めた。女子生徒たちの夢はさまざまであったが、男子のほうの趣味および将来の夢は全員の答えが一致していた。

彼らの趣味はもちろんアイスホッケーで、将来の夢は、アメリカに渡ってNHL（ナショナル・ホッケー・リーグ）の選手になることである。あこがれの選手は、以前「トロント・メープルリーブズ」で長年にわたってプレーをし、スウェーデンが生んだ最優秀バックで「アイスホッケー殿堂」にも入っているベリエ・サルミング（Börje Salming）であり、「コロラド・アバランチ」のセンター、ペーテル・フォシュベリー（Peter Forsberg、二〇〇二、二〇〇三年の得点王および最優秀選手）や、「バンクーバー・カナックス」のキャプテン、マルクス・ネースルンド（Markus Näslund）であり、「トロント・メープルリーブズ」のキャプテンでセンターのマッツ・スンディーン（Mats Sundin）であった。日本の野球少年たちが、マリナーズのイチロー選手やヤンキースの松井選手を目標にして夢見ているのと同じである。

そして翌日、私たちのクラスは、全員がうまく打ち解けられるようにという配慮から二泊三日のキャンプ兼合宿を行った。その間、午前と午後にミーティングを行い、小グループに分かれて

表11　テーマクラスでの約束事

良いクラス／グループとは、どのようなクラス／グループ？
・みんなが協力しあうクラス／グループ ・他人の話を最後まで聞くクラス／グループ ・イジメをしないクラス／グループ
良い生徒とは、どのような生徒？
・他人の邪魔をしない生徒　　・先生の話をよく聞く生徒 ・いつもできるかぎりの努力をする生徒
良い友達とは、どのような友達？
・信頼できる友達　　・協力してくれる友達 ・イジメをしない友達
良い先生とは、どのような先生？
・みんなに対して公平な先生　　・生徒の話をよく聞いてくれる先生　　・授業で分かりやすく説明してくれる先生

テーマクラス、小学校６年生

グループディスカッションをし、これから始まるテーマクラスでの約束事を決めた。そして、それらをポスターにして教室の壁に貼ることにした。

テーマクラス（小学校六年生）の始まり

学校が始まった。私はそれまで小学校六年生の担任になったことがなかったので、授業中にどのような言葉遣いで話せばいいのか少し戸惑うところもあった。

私の勤務するヴァクサラ小・中学校の生徒、とくに小学生たちはおとなしく、以前は休憩時間に廊下を歩いていてもほとんど声が聞こえず静かであった。しかし、アイスホッケーのテーマクラスの生徒たちは、これまでこの学校にはいなかった新しいタイプの子どもたちであった。まず、声が非常に大きく、しかも休憩時間ともなると、アイスホッケーのタックルをみんなが団子状態でやっているのである。

科目によって授業時間の長さが異なるため[4]、クラスによっては授業の開始時刻と終了時刻が違う。そのため、テーマクラスが休憩時間であってもほかのクラスでは授業を行っているわけで、騒々しさが理由でほかの教員たちからは毎日苦情を聞かされるハメになってしまった。もちろん、私の授業時間中にこの問題を取り上げて「ほかのクラスの授業の邪魔をしないように」とは言うのだが、エネルギーがあり余っている彼らには何度言ってもまったく効果がなかった。

彼らは、小学校六年生のため体つきこそ細かったが、運動をしているからか非常に背が高く、一七六センチメートルの私と同じくらいか、すでに私よりも背が高い生徒が数人いた。そのなかの栗色の髪の毛をしていたエーロン（Elon）という男子生徒は、入学と同時に女子生徒のあこがれの的となった。ほかのクラスの小学校六年の女子生徒だけならまだしも、中学校の一年から三年の女子生徒までもが教室に彼を見に来ることになった。

職員室では、同僚たちからエーロンとはどのような生徒なのかという質問をよく受けたし、ノートに彼の名前ばかり書いていて授業にまったく身が入らない女子生徒までいるということを聞かされた。彼の家には多くの女子生徒たちが「デートをして欲しい」と電話をかけてきたし、バレンタインデーには中学生も含めて一四人から赤いバラをもらったらしい。ちなみに、私は……。

テーマクラス第１期生
スタート時の寄せ書き

ここで、男子生徒たちのアイスホッケーのトレーナーを紹介しておこう。名前はマッツ・エマニュエルソン（Mats Emanuel-sson）といい、ウプサラでは有名な元アイスホッケー選手である。彼は、現役を引退後にコーチの資格をとり、一九九八年には、現在カナダの「バンクーバー・カナックス」（Vancouver Canucks）で活躍しているセディーン（Sedin）兄弟を擁して、ヨーロッパ・ジュニア選手権でスウェーデンのナショナルチームを優勝に導いたという輝かしい監督経験をもっていた。男子生徒たちにとっては彼の声は「神の声」であり、学校では教員の話などまったく聞いていない彼らも、彼の言うことは実によく聞いて、またそれをよく守った。

私は授業の合間をぬってよくアイスホッケーの練習を見に行ったが、彼が何かの説明をするときには、これが同じ生徒たちかと思うほどの静けさで「神の声」を聞いていた。彼はスポーツ選手に必要な「心・技・体」を生徒たちに教え、生徒だけでなく保護者からも絶大な信頼を得ていた。

彼が生徒たちに話した言葉のなかに、私の好きな言葉がある。それは、生徒たちが「ＡＧＧ」と約している「責任（Ansvar）」、「喜び（Glädje）」、「燃えること（Glöd）」である。自分に与え

（4）　小学校六年間、中学校三年間の最低授業時間数（八四ページを参照）が科目により異なるため、その授業時間数から割り出した科目当たりの週授業時間数や長さも当然、異なってくる。たとえば、中学一年生の数学では一週間の授業時間数が一六〇分、国語では一四〇分、英語では一二〇分である。数学では一六〇分を六〇分＋四〇分＋六〇分、国語では一四〇分をクラスにより七〇分＋七〇分、または六〇分＋八〇分、英語では一二〇分を六〇分＋六〇分というように分けている。このように授業時間の長さが異なるため、クラスにより、また同じクラスであっても選択科目によっては始業時刻、昼食時間、終業時刻が異なることになる。

られた課題に「責任」をもち、「喜び」を感じ、そしてその課題に「燃える」。もちろん、彼はアイスホッケーに対する心を語ったのであるが、この言葉は何をするときにも当てはまる。

小学校六年の春、先にも述べたようにテーマクラスの男子生徒一五人が所属するチーム「ウプサラＡＩＳ 86」（一九八六年生まれの生徒たちのチーム）は、スウェーデン最大の夕刊紙〈アフトンブラーデット〉（Aftonbladet）が主催するストックホルム地区最大のアイスホッケー・トーナメントである「アフトンブラーデット杯」の決勝戦に進出した。私は生徒や保護者たちから招待を受け、決勝戦の応援に行くことになった。

決勝戦の日の朝、集合場所であるウプサラのアイスホッケー場に行った私は目を疑った。生徒たちは、全員髪の毛を金髪に染めていたのである。私たちはそこから、貸切りバスで決勝戦の舞台となったストックホルム・グローブ・アリーナ（通称グローベン）に向かった。ここは、エルトン・ジョンやブルース・スプリングスティーンといった有名歌手のコンサート、そして世界室内陸上競技大会や馬術大会にも使用されるドーム型の多目的アリーナである。

アリーナに向かうバスのなかで生徒たちは、「ミキオも金髪にしたらどうか」と言ってきた。私は人に言われるとすぐに悪乗りをする傾向にあるため、「よし、もし君らが決勝戦で勝ったら金髪にする」と思わず答えそうになった。しかし、同時に金髪の自分の姿を考えた。学校内であれば私がなぜ金髪にしたのかを知っているわけだが、街に出たとき、事情を知らない一般の人たちの目にはいったいどんな風に映るのだろうかと考えた。そして「ええ年をした日本人のオッサンが金髪にして街を歩いている……」と思われるのはどうもマズイと思って先の言葉を飲み込んだ。

ストックホルムには、スウェーデン・エリートホッケーリーグを代表する「ユールゴーデン（Djurgården）」や「アイコー（ＡＩＫ）」、それに「ハンマルビー（Hammarby）」や「セーデルテリエ（Södertälje）」、「フッディンゲ（Huddinge）」といった有名チームが林立している。スウェーデンのスポーツ界では、スポーツクラブを結成する場合に成人チームだけのクラブは認められず、必ず青少年のチームをつくることが義務づけられている。そのため、有名チームともなると、有名コーチや有名選手による指導もあって青少年のレベルが一層高まることになる。

これらスウェーデンのアイスホッケー地図には、われら「ウプサラＡＩＳ」の名はない。成人チームは二〇〇三年に二部リーグから一部リーグへと昇格したものの、選手層の厚さやチームの財政状況、青少年活動においてもエリートチームとは雲泥の差がある無名チームである。生徒たちのチーム「ウプサラＡＩＳ　86」の監督やコーチはすべて彼らの保護者たちであり、すべてが手弁当で賄っているような状態だ。そんなチームが、ストックホルムの有名チームを次々と破って決勝戦に進出したのである。

決勝戦に際して両チームの選手がホッケーリンクに入ってくる様子は、エリートホッケーリーグの試合さながらであった。アリーナの電気をすべて消し、選手の入場口には煙幕を焚いてスポ

表12　スウェーデン・アイスホッケー・リーグ

ストックホルム・グローブ・アリーナ、通称グローベン。（写真提供：スカンジナビア政府観光局）

●全国シリーズ

エリートセリエン（*1）（Elitserien）

スーパー・アルスヴェンスカン（*2）（Super Allsvenskan）

アルスヴェンスカン南（Allsvenskan Södra）および

アルスヴェンスカン北（Allsvenskan Norra）

●全国ジュニアシリーズ

ジュニア・スーパーエリート（20歳以下）（J20 SuperElit）

ジュニア・アルスヴェンスカン（18歳以下）（J18 Allsvenskan）

●地域シリーズ

一部リーグ（Division 1）

ジュニア・エリート（20歳以下）（J20 Elit）

ジュニア・エリート（18歳以下）（J18 Elit）

●女子シリーズ

*さらに、その下に地区シリーズがあり、２部リーグ、３部リーグや地区ジュニアシリーズ、地区女子シリーズなどがある。

（*１）エリートセリエン、スーパー・アルスヴェンスカン、アルスヴェンスカン南・北のアイスホッケー選手は全員がプロまたはセミプロで、エリートセリエンには外人選手も多い。

（*２）スーパー・アルスヴェンスカンは、アルスヴェンスカン南・北シリーズの上位四チームずつによりシリーズが行われ、リーズ終了後にはスーパー・アルスヴェンスカンの上位２チームと、エリートセリエン下位２チームの間で入れ替え戦を行う。

ットライトを当て、そこを通って選手たちがリンクに飛び込んでくるのである。しかも、大観衆の前でゴールを決めた選手やアシストをした選手、反則をして二分間の退場を命ぜられた選手も背番号と名前を場内アナウンスで言ってもらえることが生徒たちにとってはたまらない魅力のようである。

決勝戦で「フッディンゲ」というチームと対戦した「ウプサラAIS 86」は、熱戦のすえ「4対2」で逆転優勝を飾った。帰りのバスのなかが「大ハシャギ」となったのはもちろんである。私は生徒たちの希望を聞き入れて、一週間、数学と理科の宿題を出さないという約束をした。

勝ち負けを競うアイスホッケーに対し、女子生徒のジャズダンスやバレーには競技的な要素がない。勝ち負けを競わないスポーツには興味を示さない男子生徒のなかには、ダンスそのものを馬鹿にする者もいた。私自身、社交ダンスはするが、残念ながら女子生徒たちがやっているジャズダンスやバレーには興味がない。しかし、男子生徒のアイスホッケーの練習や試合ばかりを観に行っていると、「男子生徒と女子生徒を平等に扱っていない」というクレームが女子生徒たちや彼女らの保護者たちから出ることは明白なので、私はダンスの練習もできるかぎり観に行くように努めた。

彼女たちのダンスの先生は、いずれもニューヨークやロンドンのダンス・アカデミーを出た優秀なジャズダンサーやバレリーナたちであったが、彼女らのレベルはあまりにも高すぎて、数人

ジャズダンスの発表会

アイスホッケー・トーナメント優勝

の生徒はダンスのレッスンについていけず、そのためにテーマクラスを辞めたり、ダンスの授業をサボる生徒たちも出てきた。しかも、外国でのジャズダンスの公演や出産などが理由でダンスの先生が毎年代わり、生徒たちの好きなダンスのジャンルと異なったりしたこともあって、彼女らはよく不満を言っていた。

ダンスの発表会が近づくと、彼女らは自分たちで音楽を選曲し、ダンス教員に相談をしながら振り付けを考えて舞台での位置などを決める。しかし、このときにかぎってよくもめる。「○○は、もっと動きを速くすべきだ」、「○○は、もっと腕を伸ばすべきだ……」というような発展的な批判ならよいが、「○○は動きが悪くて全員に迷惑をかけるから、発表会には出るべきではない」といった愚痴や批判も出てくることになる。

とはいえ、ダンスの発表会は、学校内とはまったく違った創造力に溢れており、生き生きとした女子生徒たちを見ることができる楽しい場所である。

女子生徒たちから受けた猛烈な批判

小学校六年の春、私は女子生徒たちから猛烈な批判を受けた。時折、ホームルームの時間を利用して、指導担任ごとのグループとしてではなく、男女別々にホームルームを開くことがある。当然、私が男子生徒たちと話し合い、妊娠休暇で休職中のロッタに代わって新しく私の同僚となったアニカ（Annika）が女子生徒たちと話し合うのである。これは、男同士、女同士の話し合いなので生徒たちにも人気がある。

ちなみに、このアニカは教育大学を出たばかりで、このクラスでの仕事が教師としての初めての仕事であった。彼女はスウェーデン系フィンランド人[5]で、英語とフランス語の教員資格をもっている。ロッタが国語（スウェーデン語）、英語、フランス語の三科目を教えていたため、後任であるアニカも自分の科目である英語とフランス語のほかに、教員資格をもっていない国語も教えなければならなかったが、どうやら彼女としてはこれが気に入らないようであった。

ホームルーム後にアニカは、「ミキオ、彼女らは一人がリーダーとなって、ひどい言葉を使ってあなたのことを無茶苦茶言っているわ」と言ってきた。その原因は、「女子生徒に優しすぎるから」ということである。私には何のことかさっぱりわからなかった。アニカによると、授業中、私が男子生徒にばかり注意や警告をして、居残りをさせているということであった。授業中でもアイスホッケーの練習と同じように大声を上げて騒いでいる男子生徒たちに対して、まったく雑談もせずにおとなしい女子生徒たち、注意をしたくてもその理由がないのである。一体、私にどうしろと言うのか？

私は生徒たちと馬鹿話をするのが好きだし、常日頃より男女の区別なく彼らとワイワイやっているのでこの批判はまったく意外であったし、ショックでもあった。この日は、時間割の関係でホームルームの後にクラスのメンバーに会うことはできなかった。

放課後、小学生を教えた経験のない私は校長のところに行き、女子生徒たちの私に対する怒りの原点が何であるかを相談した。以前、校長は小学校の中学年（四年～六年）の教員を長年していた経験があり、小学生の心理をよく理解していると思ったからである。彼女は、「男子生徒に比べて早く思春期に入る女子生徒たちは小学校六年生の春学期によく反抗的になり、この学期が小学校でもっとも難しい時期だ」と話し、「クラスの女子生徒たちは、もっとミキオにかまって欲しいのではないか」と語った。

次の日、私は女子生徒たちと話をした。彼女らは、まず、ひどい言葉を使って私を批判をしたことを詫びた。なかには自分の意志に反して批判をしたため、昨夜は後悔で寝られなかった女子生徒もいた。彼女らは、中心となった生徒がボス的存在であるため、彼女が怖くて批判に加わったと言うのである。

これは、学校のイジメによく見られるパターンでもある。クラスに一人ボスがいると、そのボスが怖くて、悪いことや間違っていることだとわかっていてもグループの圧力に屈してしまうのである。この出来事の後、私は授業中にそれまで以上に彼女らに声をかけるように努めたが、何か後味の悪い出来事となった。

（5）Finlandssvensk。スウェーデン語を母国語とするフィンランド人で、その数は約三〇万人に上る。そのためフィンランドでは、フィンランド語とスウェーデン語の二ヵ国語が公用語として使用されている。

小学校六年生の終業式

私は、毎年、学校食堂での終業式の後、教室でその年のクラスの出来事を歌詞にした歌をみんなの前で歌うことを楽しみにしている。一九九九年六月のこの年も、食堂での終業式が終わり、教室でのクラスごとの終業式となった。私は職員室にギターを取りに行き、アニカが教室の鍵を開けて生徒たちもなかに入って私を待っていた。ギターを持って教室に戻ると、ビックリ。何と、三〇人以上の保護者が教室の後ろに立っているではないか！

一般に、小学校六年生の終業式は多くの保護者も出席する大イベントである。小学校最後の終業式であるし、一般的には中学校は小学校とは別の学校だし、中学に上がるときには大抵クラス替えがあってクラスがバラバラになるからである。しかし、私の学校では小学校と中学校が同一の建物にあり、しかも、小学校から中学校へ上がってもクラス替えをしないので、生徒たちにとっても保護者たちにとってもそれほど大きなイベントだとは思えない。とくに、テーマクラスにおいては六年生から中学校と同様に科目ごとに教科担任が変わるシステムをとっているので、中学校に入るとはいっても教科担任がそのまま持ち上がることになっている。

ただ、この年の終業式が例年に比べて異なっていたことが一つだけある。というのは、テーマクラスの女子生徒たちによるジャズダンスがプログラムに加えられ、終業式をより一層華やかなものにしたことであった。きっと保護者たちは、ジャズダンスを披露する娘の姿を見るために仕事を休んでやって来たのだろう。

この年の五月にイスラエルで開催されたユーロビジョン・ソング・コンテストで、スウェーデンの女性歌手のシャロット・ニルソンが『Take Me To Your Heaven』を歌って優勝した。私とアニカはこの曲をデュエットで歌い、その後、春学期の出来事を歌詞にした曲をソロで歌った。「もし、私がCDを出したら誰か買ってくれるか」と冗談で保護者たちに聞いたところ、一人の父親が同情するかのように手を上げてくれた。どうやら歌手としてはやっていけそうにないので、これから先もテーマクラスの担任を続けることにした。

中学三年生からの挑戦状

ホッケーチームは中学一年の年にもトーナ

ユーロビジョン・ソング・コンテスト（英：Eurovision Song Contest）

1956年以来、毎年開催されているヨーロッパのポピュラー音楽コンクール。ヨーロッパ各国のテレビで実況中継され、その視聴者数は数億人に上る。スウェーデンは1958年の初参加以来、過去に4回、このコンテストで優勝を飾っている。

1974年　アバ（ABBA）、曲名『ウオータールー（Waterloo）』

1984年　ヘレイズ（Herreys）、曲名『ディギルー・ディギレイ（Diggi-loo diggi-ley）』

1991年　カローラ（Carola）、曲名『フォンガッド・オヴ・エン・ストルムヴィンド（Fångad av en stormvind）』

1999年　シャロット・ニルソン（Charlotte　Nilsson）、曲名『テイク・ミー・トゥ・ユア・ヘヴン（Take me to your heaven）』

メントで優勝し、生徒たちのナショナル・ホッケーリーグ（ＮＨＬ）への夢はさらに膨らんだ。そして同時に、学校のなかでの彼らの話し声も以前にも増して大きくなっていった。しかし、それが理由で、中学三年生からは「生意気な連中」と睨まれることになってしまい、彼らからアイスホッケーの試合を申し込まれてしまった。

スウェーデンでは、ほとんどの子どもたちが幼稚園以前からスケートをやっており、小学校、中学校では冬季の体育の時間にもスケートをする機会が多いため、中学生になってアイスホッケーのスティックを手にしたことのない男子生徒はまずいないと言ってもよい。中学三年生としては、まだまだ体が小さい一年生に負けるハズもなく、大勝して「中学三年生ここにあり！」と見せつけたかったのだろう。

私はアイスホッケーのトレーナーと連絡をとって相談した結果、「まあ、いいでしょう」ということで三年生対一年生のアイスホッケーの試合が行われることになった。大人の体格をした三年生に対して、六歳のときからパスプレーなどの練習をしている一年生。この日、私は一年生のコーチを務め、大いなる興味をもって試合を見守った。

試合が始まってみると、力の差は誰にでもすぐに理解できるほど歴然としていた。中学三年生のなかにはバンディ[6]の選手が二人いて、彼ら二人のスケートの滑りは一年生よりもはるかにスピードがあった。しかし、三年生がパスプレーをしようとしても簡単に一年生にパックを奪われ、しかもディフェンスが後手、後手にまわって、あとはもう一年生のしたい放題というゲーム展開となった。

結果は、「16対0」で一年生の圧倒的な勝利に終わった。試合後、私とトレーナーは生徒たちと話をし、この試合に関して三年生たちを刺激するような発言や態度を見せることを禁じた。応援に駆けつけた女子生徒たちの前で完全に打ちのめされた三年生は、それ以後、中学校を卒業するまで学校内でも小さくなっていたように思える。

普通、中学二年生になると、スウェーデンでもその多くが「勉強、勉強」で学校に飽きる学年となる。しかし、テーマクラスの生徒たちにはダンスやアイスホッケーという「救い」があり、この学年を無事に乗り越えることができた。男子の「ウプサラAIS　86」はストックホルムでのトーナメントは準々決勝で敗退し、残念ながらトーナメント三連覇はできなかった。女子生徒たちは、商店街からの依頼でクリスマス商戦のアトラクションにジャズダンスを披露し、「プロ(?)のダンサー」としてよい小遣い稼ぎになったようだ。

中学二年が終了したとき、一緒にクラス担任を務めていたアニカがほかのコミューンの学校に転勤することになった。転勤とはいっても、辞令が出ての異動ではない。先にも言ったように、

（6）Bandy。一チーム一一人の選手からなり、サッカー場と同じ広さの屋外スケート場で行うランドホッケーに似た冬のスポーツ。北欧諸国や旧ソビエト連邦諸国で人気があり、世界選手権も開催されている。

彼女はもともと英語とフランス語の教員であるが、テーマクラスでは教員資格をもっていない国語（スウェーデン語）も教えていた（というよりは、教えさせられていた）。できることなら、彼女は国語を教えたくはなかった。というのも、国語の知識や教授法が十分ではないので、この授業は教科担任に任せたいというのが彼女の日頃からの願いであった。

しかし、管理職から提案された夏休み後に始まる新学年のクラスおよび授業の配分計画では、彼女の願いは通らず、これまでと同じく、英語、フランス語およびテーマクラスの国語を担当することになっていた。中学三年では数学、英語および国語の全国一斉試験があり、とくに国語では生徒たちの作文も試験課題に含まれるため、ある程度の経験を積んだ有資格者の教科担任でなければ成績判断をするのは容易ではない。そのため彼女は、自分の教科である英語とフランス語だけを教えることができる中学校を探していたのであった。

彼女が新しく勤めることになったコミューンでは、全般的に経済状態がよいのか、それともコミューン自体が青少年の教育に力を入れているからなのか、英語の授業は週に一時間ではあるが一クラスが三〇人ではなく、クラスを二分した一五人のグループ授業を組んでいるということであった。教員にしてみれば、生徒数が三〇人と一五人とでは授業の密度や満足度にも大きな違いが出てくるし、生徒たちの質問や授業についていけない生徒たちの面倒をみることも十分可能となる。何ともうらやましい転勤であった。

中学生活最後の一年

　中学三年生ともなると、ほとんどの男子生徒は身長が一八〇センチメートルを超え、私を見下ろすようになった。しかも、筋肉トレーニングをやっているものだから力も強い。次の授業に向かうべく廊下を歩いていくと、この「悪童たち」が私を待っている。「オーイ、ミキオが来たぞー」の掛け声とともに男子生徒たちは「オー」と叫び、一斉に私のところに駆け寄ってきて、だれかれとなく私に飛びついてくる。あとはもう、アイスホッケーや野球の優勝した瞬間の団子状態である。

「ミキオ、ミキオ、ミキオ、ミキオ」

　全員が抱き合って飛び跳ね、勝利のインディアンダンスをする。「真ん中で押さえつけられている私の身にもなってくれよ」と私は生徒たちに言うのだが、一向に効き目がない。彼らからすれば、私は教員ではなく兄としか写っていないようだ。毎日がこのような状態で、楽しいことは楽しいのだが、精神的にも肉体的にも疲れるクラスである。

　アニカが転勤した後、私の学級担任の新しいパートナーとしてアン・ソフィー（Ann Sofie）という中年女性がやって来た。アン・ソフィーはウプサラに住んでいるが、ほかのコミューンで国語とフランス語を三〇年近く教えていたベテラン教員である。しかし、その彼女が、「今まで

テーマクラス、中学３年生

受け持ってきたクラスのなかで、このテーマクラスほど〝にぎやかな〟クラスはない」と言っていた。テーマクラスを受け持った最初の頃は私もそう思っていたが、いつの間にかこのクラスの〝にぎやかさ〟に慣れてしまっていた。

このアン・ソフィーによると、このクラスの中学二年生の国語の成績はあまりにも高くつけられており、中学三年の秋学期には、多くの生徒の成績を下げなければならないと言っていた。

人生はバラ色？

入学試験はないものの、高校進学を控えた三年生は、とくに基礎教科（国語、英語、数学）で「可」に達しなかった生徒たちは神経質になる。男子はアイスホッケーの練習が毎日あり、週日にはウプサラでの練習試合、そして週末には各地での練習試合に出掛け、家に帰ってくるのが夜中を過ぎることも多い。よほど要領よく勉強をしていなければ、学校の勉強についていくのはかなり難しい。

確かに、ナショナル・ホッケーリーグ（NHL）の選手にさえなれば「人生はバラ色」といった安易な考え方を彼らがするのはわかる。「コロラド・アバランチ」のペーテル・フォシュベリーは約一四億円、「トロント・メープルリーブズ」のマッツ・スンディーンが約八億円という高額な年棒を稼いでいることを思えば、彼らの夢もわからないではないが、果たしてどれぐらいの確率でそのような選手になれるのだろうか、と常々彼らに言っている。

その夢の第一歩となる大きな試合が中学三年になるとある。準決勝、決勝戦がテレビで実況中継される全国大会である。この大会では地区ごとに（日本の都道府県に相当する）代表チームを結成するため、その一員に選ばれることが将来のアイスホッケー選手への道にもなる。クラスからは一三人が選手として選ばれたが、優秀な選手でありながら、怪我のために選考試合に出場できなかった可哀想な生徒もいる。

生徒たちは全国大会の各試合後に携帯電話や携帯メールで試合結果を逐次報告してくれたが、残念ながら準々決勝で敗退して、彼らの雄姿をテレビで観ることはできなかった。

もう一つ、大きな大会がある。全国アイスホッケークラブ選手権である。この選手権は、各地区を勝ち抜いてきたクラブチームが「スウェーデン・ナンバー1」の座を争うもので、出場するチームは、スウェーデン・エリートホッケーリーグを代表する有名チームのジュニアチームがほとんどである。

「ウプサラＡＩＳ　86」は地区予選を勝ち進み、準決勝へと進出した。そして、準決勝で優勝候補の筆頭に挙げられていたストックホルムの強豪「ハンマルビー」と対戦することになった。ハンマルビーには、わずか一五歳ながら、二〇〇二年二月、ソルトレイクシティであった冬季オリンピックでスウェーデンの女子アイスホッケー・ナショナルチームのゴールキーパーとして大活躍をし、スウェーデンに銅メダルをもたらせたキム・マルティン選手（女子）がいる。「ウプサラＡＩＳ　86」と「ハンマルビー」は練習試合を何度も行っており、この女性ゴールキーパーの優秀さは誰もが認めていた。

「え!?」と思われたであろう。二二四ページの**表12**に記したように、アイスホッケーにも少女チームや成人女子チームはあるが、その数は非常に少ないのが現状だ。いくら優秀な女子選手であっても、男性選手に比べるとスピードや力（瞬発力）で劣るために、シニア（成人）のチームでは女性がチームに入ることは無理である。ただし、この少女のようにゴールキーパーであれば、ゲーム感覚の良さや反応の速さからして男子選手よりも優秀である場合がある。とはいえ、私が知るかぎり男子チームで定位置を確保しているのはこの少女だけである。

試合は、予想通り追いつ追われつの好ゲームとなった。しかし、第三ピリオドに入ってハンマルビーが連続ゴールを決め、残り時間も一〇分を切った。正直、これで準決勝で敗退だと私は思った。しかし、奇跡が起こった。「ウプサラＡＩＳ 86」は、あのキム・マルティン選手から試合終了までの一〇分間に三ゴールを決めて、「5対4」と逆転勝ちをしたのである。試合終了のサイレンが鳴ると、選手たちは氷の上でだれかれとなく抱き合って勝利を喜んだ。

試合後、更衣室に向かう生徒たちと通路で話をすると、彼らはまだ勝利の興奮から冷めやまず、「あの、ゴール不可能といわれたキムの壁を破った」ことや「強敵ハンマルビーに勝った」ことなどを満足顔で語った。彼らは、オリンピックのメダリストを相手に五点も挙げられたことに大満足であった。平均身長一八三センチメートル（さらに、スケートの高さが約一〇センチメートル）、しかもプロテクターを着け、ユニフォームを着た姿はプロのアイスホッケー選手と比べても何ら見劣りしない彼らであるが、笑顔はまだまだ童顔である。私はこれまでに生徒たちの試合を何十試合と観てきたが、この試合の第三ピリオドは、そのなかでもっともスピードと迫力があり、内容的にも最高のピリオドであったと思っている。

翌日、決勝戦があった。決勝戦の相手は、ペーテル・フォシュベリーやマルクス・ネースルンド、セディーン兄弟といったナショナル・ホッケーリーグ（ＮＨＬ）で大活躍をしているスタープレーヤーたちを生んだ名門チームの「ムードー（Modo）」である。勝てば、スウェーデン最大のアイスホッケー大会の優勝チームとしてトロフィーに永久に名前が残ることになる。

しかし……生徒たちは前日の準決勝戦ですべての力を出し切ってしまったようで、結果は「4

対0」の完敗であった。スケートにまったくスピードが乗らず、パスミスが目立った試合であった。敗れたとはいえ、ホッケー王国スウェーデンの全国第二位、大したものである。しかし、彼らの顔には落胆の色がありありと浮かび、この日はさすがに多くを語ろうとはしなかった。

翌日、さすがの彼らも一晩では敗戦のショックからは立ち直れず、インディアンダンスもしなければいつものように大声で騒ぐこともなかった。このような姿の彼らを見たことがないだけに、何とかしなければと思った。私は、授業の空き時間を利用して近くの食料品店に行き、金色のアルミホイールに包んで金貨に見せかけたチョコレートを買い、一枚のレコードを取りに自転車で家に帰った。そして、次の授業までに、みんなで歌う歌の歌詞を大急ぎでコピーした。

ムードーとの決勝戦

その日の最終授業はテーマクラスの生物の授業であったが、気分的に滅入っている男子生徒たちに授業の内容が頭に入るはずがない。私はこの時間をペプトーク（peptalk、激励）の時間にし、チョコレートの「金メダル」を一人ひとりに手渡して、アイスホッケーは勝負の世界であるから勝者と敗者があることは当然であり、全国二位という成績は大いに自慢できる結果であること、今までスウェーデンのアイスホッケー界では無名であった「ウプサラＡＩＳ」の名をスウェーデン全土に知らしめた偉業は讃えるべきことであると話した。そして、イギリスのポップグループであるクイーンの『We are the champions』をみんなで何度も繰り返し歌った。このようなことで彼らの敗戦のショックが簡単に癒されるとは思わなかったが、私としては、少しでもその手伝いをしてやりたかった。

卒業記念ダンス発表会

女子生徒たちは、卒業記念のダンス発表会を五月上旬に開催することになり、二月からその準備に取りかかった。彼女らはジャズダンスやバレーの先生たちから助言を受け、約一時間半のプログラムをつくり上げた。ダンスの内容は発表会まで秘密ということで、どのような演技を披露してくれるのか、楽しみでもあり心配でもあった。

彼女たちは、ダンスに使用する衣装を、母親たちにも手伝ってもらって自ら縫った。発表会への準備は着々と整いつつあったが、一つだけ大きな問題が残っていた。それは、発表会にかかる経費をどうするかという問題である。発表会は市民劇場を借りて二日間にわたって行う予定で、市民劇場の使用料、スポットライトや音響機器を操作する演出効果係に対する手当て、そして劇場の清掃費などを合計するとかなりの額に達し、それらをいかに捻出するかが大きな課題となった。

ダンスの先生、女子生徒、そして保護者たちで会議が開かれ、さまざまな案が検討された。そしてその結果、学校付近の商店に寄付を募り、スポンサーとしてプログラムに印刷することにした。また、コミューンに対しても文化活動助成金の援助を求めた。私も校長に交渉をし、僅かではあるが援助金を出してもらうことができた。

発表会は午後と夜の一日二回、二日間で合計四回の公演である。午後の部は学校の小学生や中学生たちに、そして夜の部は一般市民を対象とした公演ということに決まった。そして、この発表会のポスターがつくられ、ウプサラの街中に貼られた。

男子生徒たちと私、そして新人の女性担任アン・ソフィーは、アイスホッケーのトレーナーとともに最終公演に招待された。市民劇場の約三〇〇席は、女子生徒たちの家族や親戚、友人や一般市民たちで満席となった。ダンスが始まった。彼女たちはテンポの異なったダンスナンバーを曲にあわせた衣装で次々と披露し、観客席から大拍手を受けた。彼女らのジャズダンスでの動きは、普段、学校では見られないキビキビとしたものがあり、バレーの動きにも普段は決して見せることのない淑《しと》やかさがあった。公演が始まる前にはチームワークが上手くいくかどうかと心配であった私も、途中からは安心して公演を楽しむことができた。

発表会は成功裏に幕を閉じた。これも、一人ひとりが自分に与えられた「AGG（責任、喜び、燃えること）」をダンスに表現した結果であろう。そして、それと同時に、私はダンスの先生たちが、意見の食い違いから幾度ももめながらも彼女たちをよくここまで指導したものだと感心した。

公演の後、男子生徒たちも舞台に上がり、テーマクラス第一期生としての証書とバラの花を校長から一人ひとりが受け取った。恥ずかしそうに校長に抱擁をする者や堂々と抱擁をする者、握手だけですませる者など彼らの普段の姿がそのまま舞台上でも見られ、生徒たちをよく知る私としては何とも微笑ましい風景であった。

テーマクラス女生徒たちによる卒業記念ダンスの発表会のポスター

まだ残されていた大きな課題

女子生徒たちのダンスの発表会も大成功に終わり、卒業まであと一ヵ月となった。数学ではまだ全国一斉試験が残っていたものの、原子物理の宿題テストと生物、化学、物理で「不可」になりそうな生徒たちの追試があるだけなので、五月下旬の土曜と日

卒業記念ダンス発表会でのジャズダンス

テーマクラス第１期生の証書とバラの花

曜日に最終成績をゆっくりと考えながらつければよいと考えていた。そんなある晩、クラスパパ(7)である父親から電話があった。

四年間一緒に学校生活を送ったクラスが「クラス旅行」をしないのは遺憾であり、そのために旅行先をいろいろと調べてみたら、安い費用で行けそうな所が見つかった、ということであった。今まで私は、中学三年生を受け持つたびに、学級担任としてクラス旅行や「校外学舎」（一五二ページからを参照）に参加をしてきた。それだけに、私も四年間一緒であったクラスがクラス旅行をせずに中学校を卒業してしまうのは残念だとは思っていたが、生徒たちにその気がない以上、私としては手の施しようがなかった。

かつて、小学校六年生の保護者会のときに一人の母親を会計に選んで、毎月、クラスの銀行口座に旅行のための積み立てをすることにした。しかし、積立金の払い込みは思うように進まず、会計が催促をしても払い込みの悪さは一向に変わらなかった。

それでも、中学二年のときのホームルームの時間では、クラス旅行を計画するために多くの時間を費やした。生徒たちを小グループに分け、グループごとに旅行先とその費用を旅行代理店やカタログで調べて提案させ、多数決で旅行先を決定しようともした。さすがに、小学校六年のと

(7)　クラス保護者会で選ばれた父親代表や母親代表を「クラス・パパ」、「クラス・ママ」と呼び、保護者たちと学級担任との連絡係を務める。

きの「夢のクラス旅行」（ニューヨークに行ってプロのアイスホッケーとミュージカルを観る）が提案されることはなかったが、中学三年の春にスキーに行こうという案が多数決で決まりかけた。しかし、この案は、男子一七人、女子一〇人のクラスでの、男子生徒たちによる一方的な決定であった。一人の女子生徒を除いて全員がスキー場案に反対し、クラス旅行がスキーなら参加しないという女子生徒が続出した。

クラス旅行の目的が何であるかを考えれば、全員参加でなければ意味がない。そのため、スキー場案は一転して廃案となった。コペンハーゲン、プラハ、ロンドン、フィンランドへの船旅……。どの案も賛成票が少なく、結局、決定には至らなかった。クラス旅行は私の旅行でも保護者たちの旅行でもなく、生徒たち自身のための旅行であることを私はホームルームのたびに言ったのだが、生徒たちからは、そのうち誰かがよい案を出すだろう的な反応しかなく、そうこうしている間に中学校をまもなく卒業しようという時期になってしまったのだ。これは私のクラスだけにかぎらず、意見がまとまらないためにクラス旅行を実施することなく積立金の払い戻しで終わってしまうクラスが非常に多いことも付け加えておく。

緊急クラス会議

クラスパパと私は、クラス旅行に関する緊急クラス会議を二日後に召集することにした。二日後の午後七時、生徒と保護者たちの約四〇人が職員休憩室に集まり、まず私が挨拶をして本題に入った。

電話をかけてきた父親は、彼が見つけてきた南スウェーデンのゴットランド島（Gotland）へのクラス旅行の内容を紹介し、今からでも予約ができること、一日三食付きでレンタサイクルや冒険活動、バスツアーなども旅行費に含まれていること、そして、この案が駄目なら卒業までにクラス旅行を実施することは時間的に不可能なことを説明した。

生徒たちは、自分たちには良案がなく、これが最後のチャンスであることを知っていたこともあってゴットランド島への旅行案は簡単に決まり、今まで毎月の旅行積立金を納めていなかった家庭も一度に不足分を払い込むことになった。

自由奔放に生活をしてきた中学三年生二七人と四泊五日の旅行をするのは決して楽なことではないため、保護者四人が引率責任者として同行することになった。しかし、保護者たちにも仕事があるため、同行者は全員が有給休暇をとっての参加となった。

生徒や保護者たちからは、私にもクラス旅行にぜひ参加して欲しいという要請があったが、招待されたことに感謝しつつも、旅行期間が最終成績をつけなければならない学年度末の忙しい時期であることを理由に断った。しかし、本当はそれだけが理由ではなかった。学年度末で忙しいことも事実であったが、私は生徒たちとの四年間にわたる生活で彼らの普段の態度をよく知っているだけに、給料を差し引かれてまで傍若無人に振る舞う男子生徒たちの面倒をみる気にはなれなかったのである。

しかし、緊急クラス会議の翌日に、保護者たちから何通もの電子メールを受け取った。「クラス旅行にぜひ参加して欲しい」というものばかりであった。そして、私はこのことを学年会議で話した。同僚たちは、私の立場になれば全員が「参加を断る」と答えた。このクラスを引率する責任者の一人として同行するのには、あまりにも大きな責任が生じるというのが彼らの意見であった。さらに一人の同僚は、〈教職員組合新聞〉での記事を取り上げ、私に対して絶対に参加すべきではないと語った。この〈教職員組合新聞〉の記事とは、次のようなものである。

小学校六年生の担任であった教員が、週末を利用したクラス旅行に保護者たちから参加を求められて引率者の一人として参加した。そして不幸にも、この教員は旅行中に心臓病のために急死した。学校側は、教員は学校責任外のクラス旅行にプライベートな立場から参加したものであり、彼の死は「仕事上の死」としては認められないと主張した。そのため、彼の死には労働災害保険は適用されず、彼の妻に対しても保険金はまったく支払われなかった。

私は、環境問題やアジェンダ21に関する生徒たち六〇人分のレポートを読まなければならないこと、中学三年生の二クラスの数学、生物、化学、物理の最終成績づけで忙しいこと、クラス旅行に参加をすれば私の給料が差し引かれること、クラス旅行では労働災害保険が適用されないことなどを書いて保護者たちに返信メールを送った。しかし、同時に私の心のなかでは、四年間一緒に学校生活を送ってきた生徒たちと思い出に残るクラス旅行をして、中学校から送り出してやりたいという気持ちもあった。

次の日の晩、保護者代表である「クラスママ」から電話がかかってきた。彼女は校長に電話をし、生徒たちも保護者たちも私をクラス旅行に招待したいが、クラス旅行だと給料や保険の問題があるようなのでクラス旅行を「校外学舎」に変更できないかと相談をした。以前、私が「校外学舎」計画を校長に相談したときには財政面から不許可になったが、保護者の力とはすごいもので、代用教員は雇わないという条件付きながら「クラス旅行」を「校外学舎」として承認させることに成功したのである。

その結果、この旅行期間中に私がほかのクラスで行うべき授業に対しては、私が授業計画やプリントを作成し、空き時間のある同僚に頼んだ。そして、その同僚の授業を別の機会に私が代わって担当することにした。「校外学舎」における引率責任者の問題も、私一人が責任者ではなく、保護者三人(8)と私との四人の連帯責任ということに決まった。

早速、私たち四人は一日に何度も電子メールを交換し、旅行中の「規則原案」を作成した。そして、私はホームルームの時間に保護者たちと作成した規則原案を生徒たちと討論し、クラス全員が承認できる規則をつくり上げた。その規則の一項は飲酒に関するもので、飲酒をした生徒は

(8)　最初は、保護者四人と私との五人で連帯責任となっていたが、生徒たちの間で一人の保護者に対する「反対運動」が起こり、この保護者は参加しないようになった。何とも、スウェーデンらしいところである。

直ちに旅行を中止させてフェリーで帰らせること、そしてその費用は、生徒の保護者が支払うことが明記されていた。生徒と生徒の保護者全員がこの「旅行中の規則」にサインをし、ようやく「校外学舎」の準備は整った。

校外学舎

旅行目的地であるゴットランド島はスウェーデン最大の島で、ハンザ同盟(9)に加盟していた島の中心都市ヴィスビーでは、一二〇〇年代後期に造られた三・五キロメートルの輪状の石壁が今日も旧市街を囲み、石畳の狭い道路とともに中世の雰囲気をかもし出している。

私たちは、ヴィスビーの郊外にあるキャンプ村に滞在した。幸いにも毎日天気に恵まれ、ここをベースにサイクリングを楽しみ、夜は海岸でキャンプファイヤーをした。心配であった生徒たちの夜の行動も、旅行期間がまだ夏のツーリストシーズン前であったこともあってディスコテックもまだ営業を始めておらず、ヴィスビーの街も閑散としていてホッとした。それでも生徒たちは、毎晩、ヴィスビーの街へと自転車で出掛けていった。キャンプ村からヴィスビーまでは往復約二〇キロメートルほどあったが、常に運動をしている生徒たちにとってはそのような距離を自転車で往復することは何ともなかった。

保護者や私たちが一番神経質になっていたアルコール問題も起こらず、杞憂《きゆう》に終わった（隠れてビールを飲んだ生徒はきっといたに違いないが……）。ただ、時間にルーズな生徒たちにはイライラさせられることがよくあった。とくに、キャンプ村での食事時間はかぎられているため、起こしにいかないと朝食時間に間に合わない生徒たちもいた。生徒たちは二人部屋や二段ベッドの四人部屋に泊まっていたが、起こしにいくと部屋が空であったり、四人部屋に五人も六人もが男女入り混じって一緒に寝ていたりしていた。日本でなら大問題になるところであるが、スウェーデンでは、このようなことは学校でも保護者の間でもまったく問題にしないし、男女関係を問題視すること自体が不自然だととらえている。

生徒たちの自由時間は私の労働時間であった。私は、二クラス六〇人の生徒たちが旅行前日に提出した環境に関するレポートを読んでコメントを書き、成績を教員手帳(10)に記入した。紛失したときの重大さを考えればレポートや教員手帳を持って旅行に出ることは躊躇したが、旅行から帰った次の日に最終成績を学校事務室に提出しなければならず、ほかに方法がなかった。

生徒たちは旅行中の規則を守り、学校での普段の態度からはとても考えられないようなおとなしさで、私にとっても非常に思い出深い旅行となった。校外学舎から戻り、私は学年会議で旅行についての報告をした。そして、生徒たちが規則を守り、旅行中まったくトラブルがなかったこ

---

(9)　中世後期に北ドイツを中心として、北海およびバルト海地域の諸都市が北欧での商業の発展と共通の利益を守るために結集した同盟。一二世紀以後は、外国に特権を獲得した商人の同業者組織をさすようになった。

(10)　生徒たちの出欠席、遅刻、宿題、試験成績や学校の日程、職員会議や生徒ケア会議での重要事項や決定事項を書き込むための手帳。守秘事項が多く書き込まれるため、教員の所持品のなかでもっとも重要なもの。

校外学舎の思い出

さあ、サイクリングに出掛けよう。

地上5mに張られたロープを渡るのは、脚はガクガク、胸はドキドキ！

海岸でのキャンプファイヤーは真夜中まで続けられた。

日光浴はみんな大好き。

ゴットランド島での

↑ゴットランド島の北にあるフォーレー島（Fårö）には、海水により浸食された砂岩の海岸地帯が広がっている。

←絵物語をレリーフにしたヴァイキング時代の石碑（絵物語は下から上に読む）

ゴットランド島ヴィスビー大聖堂

とを話した。同僚たちも普段の生徒たちをよく知っているだけに、「とても信じられない」と口々に語った。この同僚たちの感想は、実は私自身の感想でもあった。

テーマクラスの卒業式

学期末の最終週は、普段の学期なら成績もつけ終わり、教員としては気分的に少しゆったりとする週である。生徒たちも、もう成績がついていることを知っているから学校全体がのんびりとした雰囲気になる。しかし、この学期末は例年とは違い、生徒たちが卒業するまでの毎日が私にとっては忙しくも非常に満足のゆく日々となった。

私は写真を撮るのが好きなこともあって、小学校六年にテーマクラスがスタートしてこのクラスの担任となったときから生徒たちの写真を撮り続けてきた。最初の頃はアナログカメラで、そして中学二年からはデジタルカメラで撮り続けた。私は四年間一緒に学校生活を送った生徒たち一人ひとりに、四年間の学校行事やアイスホッケーやダンスの写真をパワーポイントに収めた写真集をつくり、そのCD−ROMを卒業記念にプレゼントしようと考えていた。私は、数百枚の写真や新聞の切り抜きのなかから何十枚かを選んでスキャナーでデジタル化し、それらに何十枚かのデジタル写真を加えて約一〇〇枚の写真からなる「パワーポイント写真集」を作成した。そして、それらをCDライターでコピーし、卒業式の前夜にプレゼントが完成した。出来栄えはともかく、写真集ができ上がったことに私は大満足であった。

日が長くなり、気温も上昇してきた初夏の六月上旬に卒業式があるため、スウェーデンの中学校では日本の中学校で見られるような厳粛さはない。木々や草花に花が咲き、長かった冬とは対照的な明るさとなる。そして、卒業式が行われる食堂兼講堂には、初夏を告げる薄紫色のシレーン(11)の花が花瓶に入れられて所狭しと飾られる。

卒業生にとっては中学校最後の日でもあり、普段はジーンズ姿の生徒たちも、この日ばかりはスーツにネクタイ、白いドレスで着飾っている。卒業式には多くの保護者も参加するため、当然、食堂兼講堂は超満員になる。ちなみに、この講堂には消防法による人数制限があるのだが、卒業式だけは参加者を制限することはさすがに不可能である。

卒業式は中学二年生の代表の挨拶で始まり、歌や楽器演奏、テーマクラスの女子生徒たちによるダンスなどがプログラムされた。そして、校長が卒業生を送る挨拶をするわけだが、校長の言葉も生徒一人ひとりに語りかけるような感じで、日本の卒業式での挨拶のような厳格さはまったくない。校長の挨拶が終われば、スウェーデンのすべての学校で必ず歌われる賛美歌『今、花の季節がやって来る』を全員で歌い、講堂での卒業式が終了する。そして、その後、各クラスともそれぞれ教室へ向かうことになる。

中学校の卒業式はこのように明るさに満ちているが、やはり涙を流す女子生徒も多い。毎日、

(11)　学名：**Syringa vulgaris**。六月上旬から中旬にかけて房状に花が咲く木で、強い香りがする。

笑顔ではしゃぎ回り、センチメンタルな感情とはまったく無関係だと思えるような女子生徒までもが涙を流し、ほかのクラスの生徒たちと抱き合って中学生活の別れを惜しんでいるのを見ると微笑ましくもあり、私も少しセンチメンタルになる。

教室に戻り、私たちはテーマクラスだけの卒業式を行った。学級担任二人、生徒二七人、保護者二〇人によるテーマクラス最後の集まりである。アイスホッケーの練習や試合ごとに世話係をしている男子生徒の保護者たちはさすがに手慣れたもので、何箱かの大きなケーキや何ケースものジュース類を手際よく教室に運び込んできた。

四年間、テーマクラスの担任をしてきた私が担任を代表して話をした。私は、生徒たちの小学校六年から中学三年までの成長振りを話し、アイスホッケーやダンスだけではなく、学校の勉強でもよく頑張ったことを話した。そして、テーマクラスはよく同僚たちから批判されて精神的に疲れるクラスであったこと、団子状になるインディアンダンスでは何度も押しつぶされそうになって肉体的にも疲れたクラスであったこと、しかし、私が今まで受け持ったクラスのなかではもっともユーモラスなクラスであったことなどを正直に話した。

私たちは、保護者たちが用意してくれたケーキを食べ、ジュースを飲み、クラス最後の団欒を楽しんでいた。すると、テーマクラスの生みの親であるマグダレーナ（Magdalena）が教壇に進み出て封筒のなかから一枚の紙を取り出した。その紙には、彼女が保護者を代表して私につくってくれた詩が書かれてあった。そして、彼女はみんなの前でその詩を読んでくれた（詩らしくない翻訳で申し訳ないが、下記に掲載しておく）。

私は中学校の教員およびクラス担任をして二〇年になるが、このような形で保護者たちから感謝されたのは初めてであった。予期せぬ突然の出来事に、私はどのようにお礼を言えばいいのか言葉を探したが見つからず、ありきたりの感謝の言葉で終わってしまった。なぜ、このときにもう少し気の聞いた表現ができなかったのかと今も悔やまれる。学校での日常生活で言葉に不自由を感じることはないが、いざというときにはやはり言葉の壁に突き当たってしまうのが歯がゆい。

男子生徒たちが教室の片隅に集まり、何かをし始めた。そして、再び全員が自分の席に戻ると、生徒の一人であるロビン（Robin）が代表として私のところにやって来て、男子生徒全員

ミキオ（先生）へ

過去四年間で、きっと白髪が増えたことでしょう
来年一年間、学校を休職にされるのは
四年にわたる疲労のためだと深く同情します

多くの楽しい思い出を胸に
生徒たちは、傷心の思いで
やさしい先生から離れていきます

教員としての精力を
彼らがすり減らせてしまったのではないかと心配です
もしそうだとしたら
学校をおもしろくしている先生の
明るく楽しい笑いと滑稽ないたずらに会えなくなる
生徒や教師たちが可哀想です

私たち中学三年D組のすべての保護者を代表して強い抱擁とともに

マグダレーナ

卒業式で私が貰った生徒達のサイン入りユニフォーム

がサインをしたアイスホッケーのユニフォームをプレゼントしてくれた。このユニフォームは、ロビンがホーム試合で使用していたものであった。私は早速ユニフォームに袖を通し、ホッケーリンクで活躍するアイスホッケー選手になった自分を思い浮かべた。

私と同僚は生徒たち一人ひとりに最終の成績表を手渡して抱擁をし、楽しい夏休みと有意義な高校生活を願った。

こうして、私のテーマクラス第一期生との四年間の生活は終わった。男子生徒たちは、勉強こそあまりできなかったが、いつもユーモアとエネルギーに溢れた、やかましいが楽しい連中であった。彼らが最後まで「将来はアイスホッケーで身を立てる」と言っていたのに対し、女子生徒のほうは、一人を除けば「将来はダンスで身を立てる」と言った考えはなく、趣味としてダンスを楽しみ、高校生活を楽しみたいと語った。

私と男子生徒たちの間には二つの約束がある。一つは、彼らがスウェーデン・エリートホッケーリーグ（スウェーデン語ではエリートセリエン）の選手になったときには開幕試合の切符を送ってくることである。ウプサラから遠く離れた場所での試合であっても、私は必ず観に行くつもりである。もう一つは、彼らがＮＨＬの選手になったときには、年俸の一パーセントを私に送金することである。近い将来、何人かがエリートホッケーリーグの選手として必ず活躍できると私は確信しているが、彼らが果たしてＮＨＬの選手にまでなれるかどうかは……これは、彼らの夢でもあり私の夢でもある。

最後の余談として、私が担任をしたテーマクラスの生徒ではなかったが、「ウプサラＡＩＳ86」の選手で、すでにこの夢を叶えようとしている選手のことを紹介しておこう。前述のアフトンブラーデット杯や全国アイスホッケークラブ選手権でも大活躍をしたヨハネス・サルモンソン（Johannes Salmonsson）という選手は、中学校を卒業すると同時に「ウプサラＡＩＳ」のシニアチームの正選手となり、一年後にはストックホルムのエリートホッケーチーム「ユールゴーデン（Djurgården）」の正選手として活躍をした。そして、二〇〇四年のＮＨＬ（ナショナル・ホッケーリーグ）の新人ドラフト会議では、スウェーデン選手たちの一番手としてドラフトされている。将来のアイスホッケー界を背負って立つ、弱冠一七歳の青年である。

あとがきにかえて——スウェーデン教育界の将来を憂える

ここに、スウェーデン中央統計局が発表した無資格教員の割合を示す資料がある。この資料によると、学校年度二〇〇一年および二〇〇二年の基礎学校における無資格教員は実に一九パーセントに達している。つまり、現在、教員の五人に一人が無資格であり、これは学校年度一九九六年、一九九七年と比較すると、わずか五年の間に一一パーセントも増加していることがわかる。無資格教員の占める割合はコミューン間に大きな差があり（二一～三八パーセント）、コミューンによっては五人のうち二人が無資格教員というところもある。

最近、教員、とくに理科系教員のなり手が非常に少ないのも大きな問題である。教育大学や教育学部の応募者が定員割れをすることもよくあり、地方大学によっては、あまりの応募者の少なさのために開講をしないところもあるくらいである。

中学校に教育実習に来る学生たちにその理由を聞いてみると、教員として教える教科科目では、将来の技術者を目指す学生たちと同様のカリキュラムで勉強をさせられるため、その苦労を考えれば、給料の低い教員を目指すよりもやはり給料の高い技術職を目指す学生が多いからだという。

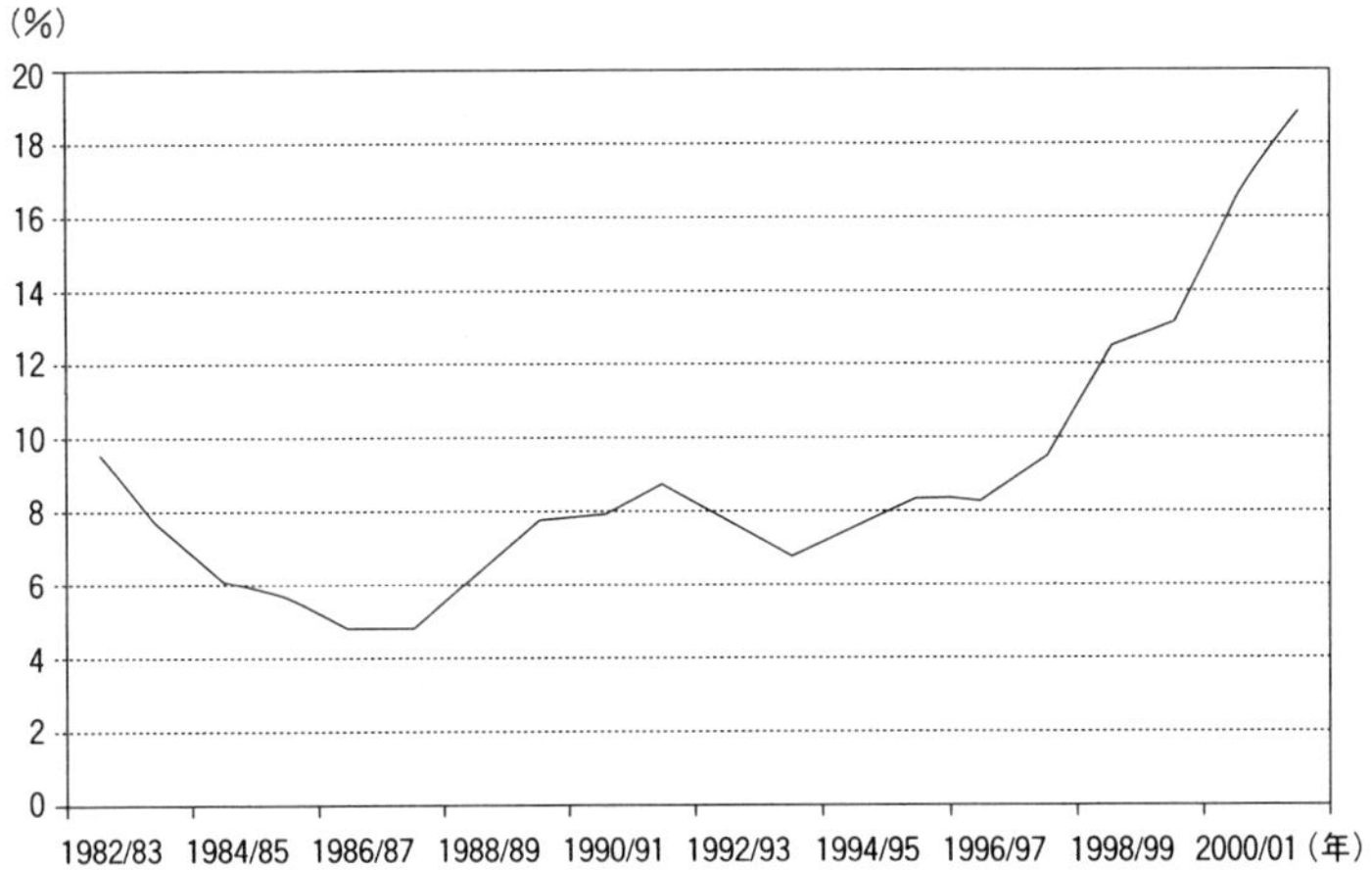

図1　基礎学校における無資格教員の割合1981／82年～2001／02年（%）
（スウェーデン中央統計局資料による）

しかも、私自身の経験からすれば、若い男性教員は教職を一生の仕事として考えているわけではなく、二、三年も教員をすればコンピューター関連の会社のテクニカル・サポート部門や社内教育部門へと転職していくつもりである。このように、小・中学校はますます女性の職場と化していっているのが現実である。

現在の教員の多くは一九四〇年代生まれであり、あと数年もすれば定年退職(12)する世代である。では、一九四〇年代生まれの世代が抜けたあとの穴を誰が埋めるのか？　これは、マスメディアでもよく取り上げられる問題でもある。

どのようにして高校生の目を教育大学、教育

(12)　スウェーデンでの定年は六五歳。定年退職に際しての退職金制度はない。

職に向けさせ、そして、いかにして男性教員を学校に留まらせることができるか？　教職員組合にはすでにその危機感があり、組合新聞である〈学校世界（Skolvärlden）〉に次のような提案が列記されている（二〇〇二年四月一二日付）。

教職をほかの職業と比較して競争力のある職業とするには、給料と労働条件の改善が不可欠である。

- ●教員が教職に留まるに十分な個人成長の可能性をつくること。
- ●教員の労働時間や労働環境を取り扱う労働協約は、教員が教職に留まるに十分なものであること。
- ●教育大学や教育学部での授業は、学校の毎日の現実を学生たちに教えるものであること。
- ●教育大学や教育学部での授業は、ほかの学部と競争できるような最高レベルのものであること。
- ●学校においても、一般の技術関連会社同様、教員能力開発のために十分な時間および費用をかけること。
- ●すべての暴力、脅し、下品な言葉使いやイジメに対処できる可能性を学校に与えること。
- ●生徒の学習促進につながるような快適なクラス環境を整備すること。
- ●生徒の立場をも考慮した労働・学習環境の改善を学校活動のすべてに浸透させること。

一九九一年、学校大臣に就任したベアトリス・アスク（Beatrice Ask）は、彼女の就任演説のなかでスウェーデンの学校をヨーロッパ一の学校にすると述べた。あれから一〇年以上の月日が経ったが、果たしてスウェーデンの学校はヨーロッパ一の学校になれたのか。結果はともあれ、そのような将来に対するビジョンが最近ではまったく聞かれなくなってしまったのは残念なことである。

今、この本を読み返して見ると、あのような出来事もあった、このような出来事もあったと、書きたいことがまだまだ山のように浮かんでくる。しかも、守秘義務の関係で書けない内容も多くある。教科に関しては全科目を取り上げるべきであったかもしれないが、それらをすべて書くとなると膨大な量に達するため、数学、理科、社会科だけに制限した。

この本は私が思いついたことを単に書き綴ったものであり、そのために深い分析や考察がなされておらず、物足りなさを感じられた方も多いに違いない。しかし、この本の行間を通して、スウェーデンの中学校の雰囲気や趣味的生活に生きる中学生の姿を少しでも伝えることができたなら、私の大きな喜びとなる。

最後になってしまったが、この本の発刊にあたっては非常に多くの方にお世話になった。本書を締めくくるにあたって、改めて左記の方々に感謝を申し上げたい。

教育者としての立場から貴重な助言をいただいた福井大学教育地域科学部の荒井紀子教授。古いアルバムを探し出し、写真類を提供してくれたウプサラ大学やウプサラ教育大学時代の友人たち。過去の大事件を報道した新聞記事を提供してくださった〈スヴェンスカ・ダーグブラーデット〉ペール・セーデルストレーム（Per Söderström）氏。インタビューやディスカッションに気軽に応じてくれたヴァクサラ中学校の同僚たち。そして、大阪弁的表現の私の原稿を標準語化し、校正に苦労をしてくださった株式会社新評論の武市一幸社長。氏の助力なくしては、本書が出来上がらなかったことはいうまでもない。

また、私の二〇年にわたる教員生活を非常に有意義なものとしてくれた何千人もの生徒やその保護者の方々と同僚たちにも最大の感謝を申し上げたい。そして、基礎教育のあり方や生徒民主主義、スウェーデン社会のもつ価値観など、多くのことを私に教えてくれたスウェーデン教育界に感謝の意を表しつつペンを置くことにする。

Tack så mycket！（どうもありがとう）

二〇〇四年　七月　七日

宇野幹雄

学校の特色づくり（テーマクラス）

時間計画にある生徒選択時間というのは、生徒が自分でもっと深く勉強したい科目を勉強するための研究時間である。学校によっては、この時間を利用し、時間計画にある時間数以上に教科科目、例えば理科や音楽を勉強するテーマクラス、さらに体育系のテーマクラスやサッカークラスといった特色のある学校教育が行われるようになった。学校の教育にある特色をつくり出すことができるようになった。

学校の選択

スウェーデンにある学校のほとんどは公立（コミューン）学校であり、子どもが家庭近くの公立学校に通うのがもっとも普通である。しかし、子どもや保護者たちはほかの公立学校や「自由学校」を選択することもできる。

自由学校

自由学校は、公立学校とは少し違った教育方針、たとえばモンテソーリやヴァルドルフ教育法を取り入れたり、言語／民族、宗教色を打ち出した学校が多く、コミューンからの助成金で運営されている。自由学校の開校には学校教育局から認可を受けることが条件であり、自由学校が学校教育法や学習指導要領に従わないときには学校教育局は認可を取り消すことができる。

科　　　目	時間数
美術	230
家庭科	118
体育	500
音楽	230
工芸（木工、裁縫）	330
国語（スウェーデン語）	1490
英語	480
数学	900
社会学、地理、歴史、宗教（合計時間数）	885
生物、化学、物理、技術（合計時間数）	800
選択外国語（ドイツ語、フランス語、スペイン語）	320
生徒選択	382
最低授業時間数（合計時間数）	**6.665**
テーマ教育	600

テーマ教育を行うにあたっては、上記科目または科目系列の時間数を最高20%減少させて時間を確保することができる。

生徒たちの参加

新指導要領では、毎日の学習に関して生徒たちは教員と授業計画づくりを行うことができることになっている。しかし、これは、現実的には非常に難しいことである。

生徒たちは、たとえば学期初めに何曜日を数学の宿題日とし、何曜日を化学の宿題日とするか、また何月何日に試験をするかといったような計画には参加ができるが、中学生の科目知識や判断力では、授業内容で何が大切であるかを選択、決定するのが困難だからである。

各教科には国で決められた科目計画がある。また、各コミューンでは学校教育をいかに組織化し、発展させるかを盛り込んだ学校教育計画を決定する。指導要領、コミューンの学校教育計画および科目内容計画は、各学校の校長、教員、生徒たち自身が教育内容や学校組織、学習方法をその地域に適したものにする自由さを与えている。そしてこれらは、各学校の学習計画に盛り込まれる。基礎学校には、義務教育9年間全体の時間計画がある。これは、各科目で教員により授業が行われ、生徒たちが受ける権利のある最低授業時間数を示すものである。

科目目標および知識による成績

新指導要領および新科目内容計画と同時に、新しい成績評価法が取り入れられることになった。新成績評価法では、中学2年から「優（MVG)」、「良（VG)」、「可（G)」と3段階表示の成績を付け、中学3年卒業時に科目内容計画での目標に到達しなかった生徒はその科目で成績がつかないことになった。基礎学校においては、成績表という形の成績評価がない中学2年生以下であってもその学年に応じた科目内容計画があるため、生徒と保護者は「進歩発展」のための三者面談を通じて、絶えず生徒の知識が目標に達しているかを知ることができる。

時間計画

基礎学校教育9年間における各科目の最低授業時間数および最低教育時間数は、60分授業に換算すれば次のようになる。

付録・1994年度義務教育学習指導要領
(Läroplan för det cbligatoriska skolväsendet-LPO94)

(2004年現在もこれに基づいている)

基礎学校（Grundskolan）について

スウェーデンに住む7歳から16歳までの子どもたちすべては、学校教育（義務教育）を受けなければならない。6歳児であっても、保護者が希望すれば学校教育を受けることができる。コミューンは6歳児すべてに幼児教育（6歳児教育）を行う義務がある。義務教育には基礎学校[1]、サーメ学校[2]、聾学校[3]および養護学校[4]があり、教育は無料で、教科書や筆記道具、給食、学校医療、通学バスなども一切無料である。

指導要領、科目内容計画および時間計画

1994年秋学期から、義務教育では、新しく制定された学習指導要領に従って教育が行われることになった。学習指導要領は、学校教育の価値観、目標および方向性を示すものである。さらに、

(1) grundskola：日本の小・中学校に相当する。

(2) sameskola：スウェーデンの少数民族であるラップ人は、サーメと呼ばれる。

(3) specialskola：聾唖青少年のための学校で、授業は手話で行われる。

(4) särskola：知能障害や自閉症のために基礎学校に行けない子どもたちのための学校。

著者紹介

宇野幹雄（うの・みきお）

1947年、大阪市生まれ。

1969年夏、交換留学生としてスウェーデン滞在。

1970年、同志社大学工学部工業化学科卒業。

1971年、ウプサラ大学理学部入学。ウプサラ大学およびストックホルム大学の環境関連学科で単位を修得する。

1972～1974年、スウェーデン学術会議ツンドラ地帯調査プロジェクト（於：アビスコ）助手。

1975年、ウプサラ大学理学部卒業。

1980年、ウプサラ教育大学入学、そして卒業。

1981年より、ソッレンチューナ・コミューンおよびウプサラ・コミューンで公立中学校の数学・理科教員として教壇に立つ。

現在、ウプサラ・コミューンのヴァクサラ中学校教員
論文として、「スウェーデンの野生動物保護の現状」（〈アニマ〉平凡社、1977年5月号）、「ヨーロッパアナグマの生活」（〈アニマ〉平凡社、1977年6月号）がある。

ライブ！　スウェーデンの中学校
日本人教師ならではの現場リポート　　（検印廃止）

2004年9月10日　初版第1刷発行

著者　宇野幹雄
発行者　武市一幸

発行所　株式会社　新評論

〒169-0051
東京都新宿区西早稲田3-16-28
http://www.shinhyoron.co.jp

電話　03(3202)7391
FAX　03(3202)5832
振替・00160-1-113487

落丁・乱丁はお取り替えします。

定価はカバーに表示してあります。

印刷　フォレスト
製本　清水製本プラス紙工
装丁　山田英春＋根本貴美江
写真　宇野幹雄

ISBN4-7948-0640-X C0037